LE MBA
DU BONHEUR

ANDRÉA NDOTI

LE MBA
DU BONHEUR

Préceptes pour éclairer votre vision et
vous transformer à jamais en votre
ultime version de vous-même.

Le MBA du Bonheur

Préceptes pour éclairer votre vision et vous transformer à jamais en votre ultime version de vous-même.

© Andréa Ndoti, 2020.

Éditions Blossom

Conception de la couverture :

Schémas : Andréa Ndoti

ISBN 978-2-9819116-0-5

Dépôt légal - Bibliothèque et Archives nationales du Québec, 2020.

Dépôt légal - Bibliothèque et Archives Canada, 2020.

Imprimé au Canada.

À la mémoire de

JUNIOR RUSHKA NDOTI-NEMBE

« Que ton âme repose en paix, tu resteras à jamais
gravé dans nos cœurs. »

SOMMAIRE

REMERCIEMENTS

J'aimerais tout d'abord présenter mes sincères remerciements à mon Seigneur Jésus-Christ, qui m'a donné la force et le courage de commencer et de finaliser la rédaction de ce livre.

J'aimerais aussi prendre le temps de remercier mes proches de tout cœur, pour avoir cru en moi et à la réalisation de cet ouvrage. Merci infiniment à vous, pour tous vos conseils, votre motivation, votre soutien, et votre patience à mon égard. Plus que tout, merci pour votre présence qui m'a donné des ailes pour persévérer dans la rédaction.

Mes remerciements vont spécialement aux personnes suivantes : Rinaldin Kouni, Soraya Kouni, Basile Ndoti, Henriette Mabatigui Ndoti, Carine Ndoti, Prince Ndoti, Dalia Ndoti, Junior Ndoti, Hawaou Riskoua, Aymard Mba, Florencia Agbokpanzo, Yannick-Emmanuel Adanminakou, Tania Luminuku, Trésor Mongo, Pasteur José Bro, Gildas Mba et à Valérie Mba. Vous avez toute ma gratitude et mon amour.

Je tenais également à remercier l'équipe de rédaction qui a rendu ce projet possible. Merci infiniment pour votre super travail de correction du manuscrit, pour l'intérêt que vous avez accordé à cet ouvrage, et pour tous les conseils qui m'ont permis de mener à bien ce projet. Merci particulièrement à Aurélie Nseme, et au coach Jean-Jacques Sié.

Enfin, un grand merci à toutes les personnes qui de près ou de loin ont d'une quelconque manière, contribué à la réalisation de cet ouvrage. Je vous en suis entièrement reconnaissante.

AVANT-PROPOS

Il y a des sciences pour tout de nos jours, afin d'aider l'être humain à se parfaire et s'améliorer au quotidien, et pourtant il n'existe pas de science du bonheur. J'ai cherché partout pendant très longtemps. Mais je n'ai pas trouvé de savoir qui équipe l'homme à faire face aux réalités de la vie et à prendre sa vie en main. Encore moins de procédure expérimentée et testée que l'on apprendrait à l'école comme toute autre science afin d'atteindre ses objectifs de vie plus rapidement. Il n'existe aucun processus ou schéma mathématique qui expliquerait aux gens comment atteindre le bonheur de manière concrète; du moins, s'il en existe, c'est très peu documenté ou accessible à tous.

Va savoir pourquoi on ne nous enseigne pas dans les écoles, comment être heureux, puisqu'on est toujours à la recherche de bonheur (bien-être). À croire que les sociétés sont beaucoup plus focalisées à résoudre les problèmes courants comme les maladies par exemple, au lieu de faire de la prévention. D'aller à la source des maux et d'apprendre aux gens comment sortir de cette roue infernale par eux-mêmes et être des concepteurs de leur nouvelle réalité. Ceci expliquerait clairement pourquoi beaucoup de gens ne réussissent pas dans leur vie, et souffrent de chagrins et de vide permanent. Cela expliquerait aussi pourquoi tous ces grands déficits au plein accomplissement des individus. Soyez donc plus intelligent que le système, soyez vous-même le maître de votre bonheur.

« Le bonheur ne se mérite pas car on en est déjà tous héritiers par grâce divine et toute-puissante de Dieu. Il s'expérimente, tout simplement. »
Naomie Coaching

Qu'est ce qui crée le bonheur?

Le bonheur individuel crée le bonheur commun. Le bonheur c'est la fusion de sa vérité à la vérité de l'autre pour contribuer à la vérité du monde. Ainsi on ne devrait pas s'attarder au PIB mais au BIB (Bonheur, intérieur brut), pour déterminer la satisfaction collective. Le vrai bonheur en réalité est un élan de satisfaction de soi constant et qui ne dépend que de vous. En réalité c'est le bonheur des autres qui motive le nôtre, car il y a plus de joie à donner qu'à recevoir.

« Il faut apprendre à être heureux seul, pour pouvoir prétendre être heureux ensemble.

Ainsi il n'y a que des hommes égaux en bonheur qui peuvent prétendre s'aimer et se respecter mutuellement. »

Naomie Coaching

Pour être heureux il faut être sensible à soi-même et à la vie. Il faut aimer vivre et vouloir contribuer à cette vie, juste en étant soi. Pour être heureux il faut juste avoir une intention positive face au cadeau qu'est la vie. Pour être heureux il faut dire oui à soi-même à son existence et à la vie. Pour être heureux il faut laisser la magie de la providence stimuler par un élan de positivité à être dans la vie. Pour être heureux il faut commencer par se souhaiter le bonheur. Pour être heureux il faut travailler à la prospérité financière pour soi-même et son entourage. Pour être heureux il faut accepter de renaître à chaque instant

Il n'y avait pas de science du bonheur, c'est pourquoi je l'ai créée tout simplement. Je me suis dit un jour : si j'en ai besoin maintenant et que j'aurais souhaité avoir cette formule plus tôt, c'est qu'il y a des gens dans ce monde qui ont en besoin aussi. Il y a sans aucun doute un manque à combler. C'est ma thérapie et la vôtre aussi. Repensez un instant à cette découverte que je vous partage, et qui est malheureusement peu documentée dans la littérature française à l'inverse de la culture anglosaxonne. Même si la définition du bonheur peut paraître très abstraite et peut varier d'une personne à une autre, tout le monde peut s'entendre sur le fait qu'il y a plusieurs facteurs qui contribuent au bonheur, et quand une personne les découvre pour sa vie, cela se voit matériellement et se ressent spirituellement. Je vous propose donc cette feuille de route pour vous aider à clarifier votre vision du bonheur.

INTRODUCTION

Ce livre est une boussole pour tous ceux qui étaient perdus et qui cherchaient la lumière au bout du tunnel. Il est avant tout pour cette catégorie de personnes à la recherche de l'amour, du succès et du pouvoir, afin de leur procurer une certaine satisfaction en termes d'accomplissement, un certain bien-être dans leur parcours de vie. Il s'adresse également à une autre catégorie de personnes perdues dans des questionnements incessants sur leur avenir et la vie en général, qui vivent dans la dépression, le stress, l'angoisse et la peur, et qui sont dans la tristesse, dégoûtées de la vie.

Je qualifierais ces deux catégories de personnes par : les poursuiveurs du bonheur et les poursuivis par le malheur. Enfin, ce livre est destiné à démontrer et à prouver à ces personnes que la quête du bonheur (de la paix, de la joie, du bien-être, de la sécurité et surtout de la vie en abondance) est réellement ce qu'elles recherchent, à tort ou à raison. Par conséquent, si vous me lisez, sachez que ce livre est pour vous aussi, peu importe la raison pour laquelle vous le lisez, car je pense sincèrement qu'il n'y a pas de hasard dans la vie.

Schéma de la boussole du bonheur

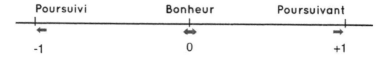

Comment tirer profit de ce livre ?

Vous l'aurez sûrement bien compris, ce livre est pour vous ! Et pour mieux en bénéficier, il faudrait vous laisser aller complètement. Prenez le temps de vous ouvrir totalement aux informations, sans préjugés, sans trop de réflexion ou d'appréhension. Mon but n'est pas de vous dire comment vivre votre vie au travers de ce livre, mais juste de vous partager mon histoire, celle qui m'a transformée et qui a fait de moi la femme renouvelée, changée et restaurée que je suis aujourd'hui. En espérant que mon histoire vous motive à trouver votre propre voie. Laissez-vous aller comme si j'étais une amie de longue date qui vous racontait son vécu; laissez-vous emporter par mes paroles et sans accusation ou jugement quelconque, aidez-moi à vous aider. Comme un enfant, venez jouer avec moi à désapprendre pour mieux réapprendre, à mieux vous connaître, à mieux vous aimer et surtout à accepter de vivre le bonheur que vous méritez réellement.

1

La Genèse du MBA du Bonheur

Disons que je sois devenue votre amie par le simple fait que vous avez pris la bonne décision de poursuivre la lecture de ce livre et de me laisser entrer dans le jardin secret de votre intimité. Cet engagement que vous venez de prendre me donne la responsabilité de vous parler de qui je suis et de ce qui m'a poussé à écrire ce livre, ainsi que de vous présenter l'objectif du MBA du bonheur. Ainsi, je vous présente humblement et à cœur ouvert qui je suis en vous partageant mon expérience.

De Andrea Ndoti à Naomie Coaching

Je suis Andréa, une passionnée de littérature, d'art et de science, qui s'est toujours posée une multitude de questions sur la vie et sur son environnement interne et externe. Comprendre le fonctionnement de notre écosystème planétaire (et celui du monde invisible que je ne voyais pas, mais que je ressentais au plus profond de moi), m'a toujours fasciné. L'écriture s'est alors révélée comme un moyen d'évasion et de détente, pour rêver d'un monde meilleur, loin des regards indiscrets. Bien plus, j'y ai trouvé un refuge et un moyen d'exprimer tout ce qui se mouvait au fond de mes entrailles et que je n'aurais jamais dévoilé par peur de ne pas faire l'unanimité. L'écriture m'a aidée à guérir de mes blessures de dépendances affectives et à transformer mon hypersensibilité toxique en arme puissante pour aider et transformer la vie de tous ceux qui comme moi, sont esclaves de leur propre ignorance, de leurs peurs et blessures.

« Je suis une femme spirituelle à la recherche d'expérience dans la matière. » Naomie Coaching

L'écriture est littéralement devenue pour moi une thérapie repensée que je me donne à moi-même pour recoudre le tissu de ma vie. C'est une autre façon de repenser les maux du monde qui m'affectent tant, mais surtout d'y trouver des solutions concrètes. Pouvoir ainsi me mettre à nu devant vous, sans gêne ni retenue, était devenu une obligation morale que je me devais d'honorer par rapport à moi-même, mais surtout pour ne plus être brisée de l'intérieur. En fin de compte, je ne suis juste qu'une âme-enfant qui continue d'apprendre et je partage avec vous ce qui m'a aidée à libérer le papillon qui sommeillait en moi. En priant que cela puisse transformer vos vies comme cela fut le cas pour moi. Je suis Naomie Coaching. Une femme spirituelle à la recherche d'expérience dans la matière, pour expliquer la fine ligne (et non la limite) qui existe entre ces deux mondes et qui crée mon univers.

Pourquoi le MBA du bonheur ?

J'ai lu des tonnes de livres dans ma vie, et je pèse mes mots quand je dis ¨des tonnes¨. Dieu seul sait, combien ma tête est une vraie librairie ambulante. En lisant tous ces livres aussi incroyables les uns que les autres, je n'ai jamais eu un seul doute que les informations que j'y recevrais pouvaient changer ma vie à tout jamais, si je les mettais en application. Certaines informations étaient tellement puissantes que j'avais presque l'impression qu'elles me transformaient à vue d'œil. Et pourtant, après un moment, mes vieux démons réapparaissaient, revenaient me hanter en me faisant retomber dans les mêmes habitudes dévastatrices et parfois même, dans un tourbillon beaucoup plus profond que le précédent. J'étais seule et faible face à eux : alors je tombais à nouveau dans les bras de mes anciens amours (procrastination, retard excessif, etc.). On a tous une mauvaise habitude que l'on rêve de faire disparaître avec un coup de baguette magique et pour laquelle on se dit : « Si seulement je pouvais changer cela, ma vie changerait à tout jamais ».

« Je ne devais pas juste essayer de changer, je devais le faire comme mon être le voulait, en utilisant un langage qu'il comprendrait. »
Naomie Coaching

Pourtant, rien ne se passait. Juste des feux de paille pour me donner l'espoir de voir ces habitudes changer, et espérer encore un jour de plus en voyant d'autres personnes réussir dans ce qui me paraissait impossible. Lorsque je voulais acheter un autre livre de développement personnel, je me disais alors : « Mais est-ce que cela en vaut la peine Naomie ? Tu vas le lire et tu seras très excitée pendant 3 mois, puis tu recommenceras à vivre comme avant. Ce sera de nouveau la routine, et la seule chose dont tu te souviendras sera la citation du livre à la page 2020 qui te rappellera ta valeur. Tu vivras dans ta chair cet amertume qui te restera à la gorge quand tu penseras au stade où tu serais dans ta vie si seulement tu avais réussi à mettre en application tous ces préceptes.

Même si j'étais pleinement consciente que cela contribuerait beaucoup à l'évolution de mon savoir, je ne pouvais en dire de même lorsque je pensais à toutes ces mauvaises habitudes qui me collaient à la peau et m'empêchaient librement d'être la meilleure version de moi-même. J'avais beau comprendre ce qui n'allait pas et pourquoi cela m'arrivait, et même les choses à faire pour y remédier, rien ne se passait. Je tournais en rond, comme si je vivais sans cesse dans le film Déjà vu.

« Je fais partie des grands émotifs du culte d'âme à âme; sans connexion émotionnelle authentique, je suis déconnectée. »
Naomie Coaching

Un bon matin, en me regardant dans la glace, déçue de ne pas avoir tenu un de mes engagements une fois de plus, je me suis effondrée en larmes. J'ai par la suite commencé à écrire tout ce qui me passait par la tête; c'est là que j'ai réalisé que je ne faisais pas les choses que je devais faire pour changer. Je ne devais pas juste essayer de changer, je devais le faire comme mon être le voulait, en utilisant un langage qu'il comprendrait. Et là, tout à coup, ce fut le Momentum ! L'Eureka de ma vie! J'ai donc compris qu'il m'avait manqué une seule chose : l'accompagnement. Je n'avais jamais eu de soutien pendant mes lectures, ni même de suivi d'amis, de proches, ni des auteurs eux-mêmes pour savoir où j'en étais, ni ce que j'avais fait de ces informations après les avoir reçues. Eh oui! Je fais partie des grands émotifs du culte du corps à corps; sans connexion émotionnelle authentique, je suis déconnectée. C'est une forme de victimisation me direz-vous. Moi je vous répondrais que c'est juste l'expression d'une douleur collective. En parlant de ce sujet avec d'autres personnes, je me suis rendu compte que le problème n'était pas juste personnel et qu'à force de cumuler les échecs, les gens finissaient par ne plus avoir confiance en eux-mêmes et aux différentes solutions qu'on leur proposait dans ces livres.

« Laissez les lettres communiquer entre elles, afin qu'elles puissent créer des informations capables de transcender votre entendement et changer votre vie à tout jamais. »
Naomie Coaching

J'ai donc commencé petit à petit à essayer d'analyser comment je fonctionne et comment je pouvais, à l'aide de ces nouvelles informations sur moi-même, réussir à m'en sortir. J'ai alors développé un mode de fonctionnement (un style de vie) basé sur l'écoute de moi-même, de ce que je voulais réellement et où je voulais vraiment me rendre dans la vie. De fil en aiguille, avec l'aide de ma foi en Dieu, j'ai réussi à sortir de mes dépendances l'une après l'autre et retrouver ma joie de vivre. Aujourd'hui, je suis épanouie et très contente que ce nouveau style de vie ait pu me pousser à développer un chemin qui me mène à ce qui est bon pour moi-même. Cela m'a aidée à me libérer et je sais qu'il en sera de même pour vous : cela vous guidera vers l'affirmation de soi, au lieu de rester muets dans la détresse et de continuer à espérer sans objectif. J'ai donc compris qu'il ne suffit plus, dans notre ère, d'éveiller des consciences en écrivant des livres à succès. Il faut plutôt entreprendre un suivi des informations pour s'assurer qu'elles aient le temps de faire leurs œuvres dans la vie des gens. L'un des meilleurs moyens pour moi de synthétiser cette grande découverte et répondre à des mois de questionnements et de recherches intensives, a été de proposer une formule que j'ai appelé la « thèse du MBA bonheur ». Une formule puissante, capable de transpercer les raisonnements et les comportements et habitudes toxiques les plus ancrés et donc nocifs, qui empêchent le bon développement de l'être humain. J'ai donc décidé d'utiliser cette arme puissante qu'est l'écriture, afin de faire communiquer les lettres entre elles et de créer des informations qui vont complètement transcender votre entendement (vérités inébranlables) et changer votre vie à tout jamais. Voici comment est né le MBA du bonheur, et je crois fermement que cette formule est spéciale et unique pour vous et rien que pour vous.

Profitez-en !

2

Les Bénéfices du MBA du Bonheur

Quand j'étais au lycée, j'avais un professeur d'anglais, Mr Raphaël, qui était passionné de langue anglaise. Il était tellement passionné qu'il organisait parfois des pièces de Shakespeare en fin d'année, où il illustrait la poésie anglaise dans toute sa splendeur. Le lycée entier était émerveillé à chaque prestation : c'était toujours original et très créatif. Malheureusement, puisque nous étions dans un pays francophone, les gens ne prenaient pas en considération son cours. De plus, il donnait cours à des jeunes adolescents en pleine puberté. Ces derniers étaient plus passionnés de sport et de musique, ils préféraient donc tous sécher son cours. Il voyait ainsi ses effectifs diminuer mois après mois. J'y allais parce que j'aimais bien, mais surtout à cause de tout l'amour et la passion qu'il mettait dans son cours.

« Ton attitude détermine ton altitude. »
Alberto Carbone

Un jour, en plein cours, un des élèves se leva pour quitter la classe. Il était sûrement trop fatigué de répéter les mêmes choses à longueur de journée. Le professeur entra dans une colère noire et s'adressa à toute la classe : «Vous ne le savez pas, mais la langue anglaise est la langue d'avenir, une fois à l'université et même dans le monde du travail, vous aurez besoin des bénéfices de cet apprentissage que je vous donne aujourd'hui». Les yeux larmoyants, il continua: «Plus tard vous me regretterez, je vous le dis, car vous n'aurez pas saisi l'objectif de mon engagement. Moi je parle déjà anglais et vous? «. Il demanda alors à tous ceux qui voulait sortir, de prendre la porte en même temps que cet élève et pour de bon, car il ne comptait plus leur courir après. La classe resta silencieuse un moment et tous s'assirent.

Des années plus tard, j'ai revu un de mes camarades de cette même classe. Après s'être remémoré le bon vieux temps, nous avons voulu échanger sur des sujets tabous, sans pour autant mettre mal à l'aise les personnes qui nous accompagnaient. Nous nous sommes donc mis à parler en anglais. Nous étions ravis de pouvoir échanger dans une autre langue que le français. Nous nous sommes écriés à l'unisson : « Merci Mr Raphaël ! » Rires aux éclats. On avait compris que c'était grâce à son amour pour l'anglais et nos efforts personnels. Je vous raconte cette petite anecdote pour que vous compreniez que tout pendant ce programme dépendra de votre attitude. Si vous avez une bonne attitude et vous laissez aller, alors vous comprenez les bénéfices de ce programme et assurément il vous transformera.

Quel est l'objectif de ce livre?

L'objectif de ce livre est de vous amener dans une autre dimension. Celle du tout est possible. Celle qui transformera vos peines en joies et vos projets en style de vie. Cette dimension est pour tous ceux qui sont à la recherche du pouvoir, de l'amour et du succès, qui veulent atteindre leurs ambitions; mais aussi pour tous ceux qui sont meurtris par la douleur, la peur et la haine, pour tous ceux qui sont dans la misère, la colère et l'ignorance, à la recherche d'une lueur de bonheur. Je veux aider ses deux catégories de personnes que j'ai surnommées "les poursuiveurs du bonheur et les poursuivis par le malheur", à découvrir et à comprendre que le bonheur est réellement ce qu'il leur faut. Aux poursuiveurs du bonheur, je leur montrerais que l'atteinte d'un de ces éléments au détriment des autres les rendra malheureux, puisque le bonheur est le seul équilibre parfait de tout ce qu'on recherche de positif dans la vie. De même, pour les poursuivis par le malheur, je veux les amener à comprendre que le bonheur n'est pas une utopie et que c'est possible d'être heureux et de vivre pleinement dans l'abondance au quotidien, d'avoir une vie épanouie et renouvelée.

« Mes livres sont des perches pour tirer les gens vers le haut, afin que nous réussissions ensemble. »
Naomie Coaching

Puisque j'ai acquis un certain savoir qui a transformé ma vie à tout jamais, j'ai cette responsabilité de le transmettre à mes proches pour écrire mon histoire, mais surtout cette obligation de le partager au monde entier pour écrire notre histoire. Je l'ai reçu par grâce et le transmets par foi, car j'ai la conviction de sa puissance et suis la preuve même de son efficience. Mes livres sont donc, des perches pour tirer les gens vers le haut afin que nous réussissions ensemble. Dire aux gens comment j'ai fait pour réussir ne garantit pas le fait qu'ils puissent réussir à leur tour. Mais rendre disponible un accompagnement de 40 jours m'assure que vous être prêt pour prendre votre envol, et ça, ça fait toute la différence. Ce n'est pas ma responsabilité de guérir le monde entier, mais si je ne peux guider une, deux, même trois personnes à s'accomplir et le faire pleinement, je sais avec assurance que j'ai contribué à guérir des mondes, dont le vôtre. Je ne veux pas tendre des appâts à poissons, ni seulement donner du poisson, mais je veux contribuer à "la grande moisson", celle qui apprend aux gens à pêcher. Vous comprendrez donc que ce n'est pas un livre pour la masse, mais pour les futurs initiés et leaders de demain.

« La formation des leaders implique qu'ils soient capables de porter du fruit et d'éveiller des multitudes par leur simple attitude. »

Naomie Coaching

Ce livre vous aidera à structurer votre vie et vous donnera des directives claires et précises sur comment atteindre le bonheur, et ainsi vous améliorer en tant qu'individu. Ce n'est pas un simple livre de développement personnel, c'est un livre thérapeutique, doublé d'un manuel scolaire qui vous donne accès à un programme transformationnel et thérapeutique, dans le but d'obtenir le diplôme de MBA du Bonheur. C'est un livre qui vous aide à écrire le livre de votre propre vie, c'est une encyclopédie spirituelle, céleste et artistique, qui a été écrite par amour pour votre bien-être et créée sur mesure pour vous. Plus qu'un simple bouquin, c'est une thérapie tridimensionnelle qui vous aide en 40 jours à restaurer votre vie et à créer de nouvelles habitudes.

« Les gens écrivent des livres pour que les lecteurs en fassent des livrets de chevet, moi j'écris des livres pour qu'ils en fassent

**des armes puissantes, capable de
transcender leur réalité. »**

Naomie Coaching

C'est donc le premier tome d'une très longue série de
livres thérapeutiques sur la science du bonheur. C'est
carrément le livre qu'il vous faut pour un nouveau
départ et qui vous ramènera à la genèse de votre vie. Il
vous aide à créer de nouvelles pages blanches dans
votre destinée et vous donne le fil d'Ariane qui vous
aidera à écrire entre les lignes de votre vie. Ceci, afin
que ces écrits scellés par la parole créatrice et puissante
de Dieu vous permettent d'atteindre le succès et le
bonheur dont vous avez toujours rêvé. C'est pourquoi,
je ne vous donne pas juste des mots, je vous donne une
histoire, des informations déterminantes, des vérités
intemporelles; je vous donne des connaissances et des
savoirs, un pouvoir et une sagesse, et enfin une nouvelle
intelligence et une sagesse divine. J'ai écrit ce livre à
l'encre de mon sang pour que des âmes soient libérées,
des familles transformées et des esprits restaurés. C'est
une partie de moi que je vous donne, une séance divine
que je communique avec amour et puissance, en
croyant fermement que toutes ses paroles ne
reviendront à moi sans avoir fait leur œuvre en vous.
Que cette graine puisse ainsi germer en vous ; afin que
votre vie puisse porter du fruit en abondance, tel cet
arbre planté près d'une rivière, qui moissonne en sa
saison car tout ce qu'il fait lui réussit toujours.

« Un roman raconte une histoire qui peut vous influencer, un livre thérapeutique raconte une histoire qui vous transforme assurément. »

Naomie coaching

Ce n'est donc pas juste un livre à succès pour attirer les foules, c'est un livre qui impacte les vies et aide à la guérison au travers de témoignages et formations puissantes pour édifier les âmes. C'est parce que j'ai foi au pouvoir des mots mis en action, que je sais avec assurance que c'est le meilleur moyen de vous guérir. Je me tiens ainsi à la brèche comme un Mr Raphaël, passionnée, déterminée et prête à vous servir dans votre processus de restauration. Je prendrais le temps qu'il faut pour accompagner ceux qui désirent réellement évoluer, grandir et s'épanouir dans la vérité et la sagesse.

Quel est le bénéfice de ce livre?

Le bénéfice de ce livre est très simple, puisque le bonheur est la réelle motivation de l'atteinte des objectifs de ses deux catégories de personnes, je leur propose la formule « le MBA du bonheur » qui leur procurera ce qu'ils ont toujours souhaité. C'est un diplôme qui vous suivra toute votre vie et vous aidera à passer au travers des différents défis et cycles de la vie sans perdre de vue vos objectifs, valeurs et mission de vie. Je crois fermement que l'être humain, bien que complexe et méandre, a cependant des grands cycles de vie, un peu comme le papillon. D'ailleurs, il vit des cycles dans chacune de ses différentes enveloppes (corps, âme, esprit). Il va vivre des cycles de transformation de son corps (croissance physique et canalisation énergétique) à travers les âges et le temps, mais aussi des cycles de transformation émotionnelle à travers les grands événements et leçon de sa vie (maturation en intelligence supérieure). Enfin, il va vivre des cycles de transformation spirituelle (éveil spirituel de la sagesse divine) de sa conscience. Tous ces cycles font de lui un être tridimensionnel parfait. Ce livre est un moyen de vous aider à passer à travers ses étapes avec la force et la foi en un meilleur lendemain, jusqu'à la prochaine étape et même au-delà. C'est aussi un moyen qui vous permettra de comprendre la source réelle de votre besoin et comment canaliser les émotions émanant de la quête de ces besoins. C'est une formule pour apprendre comment obtenir et atteindre ce qu'on veut dans la vie.

« Les tam-tams se sont tus et la douleur c'est transformée en un silence profond, plus troublant et plus chaotique que n'importe quel bruit. Je le sentais s'établir jusqu'au plus profond de mon âme. »

Naomie Coaching

Un 24 mars 2019, je reçois un appel qui va changer ma vie à tout jamais. C'est ma sœur qui m'informe alors que notre petit frère est décédé. Je suis restée paralysée pendant cinq minutes. Puis, j'ai poussé un cri, un cri amer et profond. Comme une femme en plein travail, qui donne tout de ses entrailles pour sortir l'enfant de son ventre et évacuer le mal qu'elle ressent, mais surtout toutes ses aspirations et l'espoir qu'elle a de voir enfin ce petit être merveilleux dans ses mains. Après cette information, tout a changé, j'ai dû repartir à zéro. Je n'étais plus la même. Quand j'ai eu mal aux dents pour la première fois, j'ai cru que j'allais mourir et qu'il n'y aurait pas plus fort que cela. Quand j'ai eu mes premières menstruations douloureuses et insoutenables, je pensais que j'avais atteint le sommet de la montagne de douleur. Quand j'ai accouché pour la première fois, j'ai cru que j'étais arrivée au paradis de la douleur, dans son sanctuaire. Mais après cet appel, les tam-tams se sont tus, et la douleur c'est transformée en un silence profond, plus troublant et plus chaotique que n'importe quel bruit; je le sentais s'établir jusqu'au plus profond de mon âme.

Je venais de vivre l'un des moments émotionnels les plus éprouvants de mon cycle affectif et il n'y avait pas de mots suffisamment forts pour exprimer ce genre d'émotions. Le choc que peut causer la perte d'un proche qu'on a aimé sans condition, sans foi ni loi est juste indescriptible et mon hypersensibilité a juste amplifié cela. En un rien de temps, j'ai vu mon monde s'effondrer, ma culture, ma religion, mes études, rien n'avait plus de valeur, juste cette douleur en plein dans le thorax qui me rappelait que c'était la fin d'un cycle et le commencement d'un autre. Après quoi, je sombrais aussitôt dans la panique et l'étourdissement, rien ne semblait calmer ma douleur… comme un volcan en pleine éruption, tout partait dans tous les sens. Ma voisine apeurée derrière la porte me demandait si elle devait appeler les pompiers. Après lui avoir dit que je venais de perdre mon frère, elle est restée là, derrière la porte, à me bercer jusqu'à l'arrivée de mes proches. C'est là que j'ai compris à quel point l'être humain est un être exceptionnel; dans sa propre douleur, l'homme est capable de défier vents et marées pour sauver l'autre, car il comprend la peine qui l'anime.

« Le sang oublie souvent son devoir, mais jamais son droit. »
Fatou Diome

Puis est venue la grosse claque, la réalisation de sa mort. C'est sûr que je suis passée par plusieurs phases pendant le deuil : entre déni, rejet, culpabilité, dépression, apitoiement, tristesse, colère, et j'en passe; mais je n'avais pas encore réellement mis le doigt sur la raison réelle de ma souffrance, car il y a toujours une raison profonde qui conduit nos émotions, voire pire, anime nos sentiments. C'est la compréhension réelle de cette source qui nous aide à guérir et à avancer après le deuil. J'étais là, face à moi-même et à la grande réalisation que la mort existe vraiment et que tout le monde finira par y passer. Un des êtres les plus importants de ma vie s'était éteint, telle une ampoule reliée à un interrupteur. Et malgré tout mon bon sens et mes airs de coach de vie, je n'avais pas réussi à l'aider à aller mieux ou même à le sauver de ses peurs. J'ai plongé dans une profonde culpabilité, celle de ne pas l'avoir vu plus souvent ces dernières années, de ne pas avoir fait suffisamment, donné suffisamment, aimé suffisamment, compris rapidement sa détresse, et de ne pas avoir agi lorsqu'il était encore temps. Je m'en voulais surtout de ne pas avoir réussi à le sauver de ce drame ni à me sauver moi-même de cette douleur. Il y a de ces peurs qui subsistent au plus profond de nous, parfois même sous forme de questionnements incessants, qui nous empêchent d'être pleinement heureux et de réaliser nos rêves.

Mon frère était tellement talentueux, plein de bon sens et de projets tous plus inspirants les uns que les autres. J'avais l'impression que c'était moi-même qui mourait, car il n'avait pas pu réaliser ses rêves d'artiste avant de s'éteindre. J'ai vu mon existence entière être complètement bouleversée. C'est là que j'ai compris qu'il y avait un autre travail à faire sur moi-même. Sa mort a créé un tel choc en moi, que j'ai enfin pu revendiquer ce droit de compassion envers moi-même, ce droit de m'aimer et de m'accepter telle que je suis réellement, mais surtout de lâcher prise, pour ma propre survie, car le sang de mon frère criait désormais justice devant l'hôtel de jugement de mon âme.

"Dis-moi maman, c'est quoi le bonheur ?

Penses-tu vraiment que je suis heureux? Et toi es-tu heureuse ?"

Junior Ndoti

J'ai toujours été une femme très réservée, et bien que souvent sous les projecteurs, je ne laissais jamais personne entrer dans mon jardin secret à cause des peurs qui me hantaient. Vivre dans la peur constante de ne pas pouvoir m'affirmer réellement face à mes rêves, ma personnalité et mes valeurs; la peur de ce que les autres pouvaient penser de moi si j'étais réellement moi ou de ne pas être acceptée par les autres, est une souffrance que je ne souhaite pas, même à mon pire ennemi.

Après ce choc, je me suis alors levée en me demandant ce que je pouvais faire pour guérir de ce manque. Je me suis tout simplement rendu compte que je n'étais pas pleinement moi-même et que je ne vivais pas la vie que je voulais réellement vivre. Tant que je continuerais d'attendre ce je ne sais quoi pour enfin vivre ma vie, je mourrais un jour de chagrin, d'attente, de peur mais surtout de regrets. Le choc est venu réveiller la voix au fond de moi, et elle ne cessait de me répéter : "Pour que tu guérisses vraiment, il faut que tu affrontes tes peurs". Je me suis alors rappelé de ce jour où mon frère dit à ma mère : "Dis maman, c'est quoi le bonheur ? Penses-tu que je sois heureux ? Et toi, es-tu heureuse ?" Ma mère resta sans voix. Je me suis alors souvenu que le bonheur était une de mes plus grandes peurs. J'avais peur de ne pas trouver le bonheur dans la vie à force de ne pas vivre ma vie comme je le souhaitais, et de finir malheureuse et misérable. Je me suis donc demandé "Mais oui, c'est vrai, c'est quoi le bonheur ? Et qu'est qui ferait réellement mon bonheur ?" J'ai commencé à changer tout ce sur quoi je m'étais focalisée en vain toute ma vie, dans l'espoir de plaire aux autres. J'ai restructuré ma formule initiale (inculquée par une amie tahitienne) pour retrouver mon authenticité et ma joie de vivre et je l'ai transformée en MBA du bonheur.

Tout cela pour dire que sans la force de cette formule du bonheur, je n'aurais pas surmonté cette énième vague qui est venue chambouler ma vie et qui aurait même pu me noyer. Sans des fondations solides en Dieu, je n'aurais pas surmonté un départ si tragique sachant que je sortais déjà d'un traumatisme. La quête du bonheur est un art de vivre. Sans les dégâts causés par ces blessures, je n'aurais pas trouvé la force de transformer ce chagrin en MBA du bonheur. Ce livre je me le devais à moi-même, mais surtout à mon frère, car je veux qu'il sache que mon amour pour lui a été transformé en énergie puissante qui guérit, et qu'au travers de mes dons et talents j'exprimerais désormais qui je suis réellement, ma vérité. Ainsi, pour toujours je réaliserais tous mes rêves, « tous nos rêves, mon chère frère », jusqu'au jour où ma lumière s'éteindra elle aussi.

« Ton amour me donne des ailes, pour voler librement comme un papillon et ta lumière me guide vers une quête philosophique, celle de remplir le vide de ton absence par le bonheur en abondance. »

Naomie Coaching

3

Les tempêtes qui transcendent une Destinée et Vous conduisent au MBA du Bonheur

Il y'a des tempêtes qui surviennent et déciment tout sur leur passage. Vous avez sûrement connu ces catastrophes naturelles qui ont décimé des millions de vies et tout détruit sur leur passage, ne laissant derrière elles que désarroi et tristesse. Seuls les rescapés et les familles se rappellent l'ampleur des dégâts car ils peuvent sentir le vide et le manque face à la disparition de leurs bien-aimés. Typhon Haiyan, Ouragan Katrina, Cyclone 01B…. tous ces noms de tempête ont marqué l'histoire de l'humanité et qui nous ont appris à faire preuve de résilience et de beaucoup d'humilité face à la colère de la nature. Cela peut être transposable aux évènements malheureux qui bouleversent et chamboulent nos vies.

J'ai appris à reconnaître les tempêtes de ma vie et à surfer sur les vagues pour ne pas être ensevelie avec elles. Les tempêtes sont généralement liées à votre état d'âme, votre état d'esprit et parfois même à des facteurs physiques. Elles peuvent être dues à des moments de sécheresse spirituelle, de désert émotionnel, de troubles psychiques ou de tourments physiques. Ainsi, ce que vous allez vivre comme maladie dans votre corps va affecter votre état d'âme et tout ce que vous allez subir psychologiquement va impacter ton état esprit, et vice versa.

J'ai subi des tempêtes physiques, ayant été malade pendant ma tendre enfance. J'ai connu des tempêtes spirituelles, à chercher sans cesse le mal qu'on ne voyait pas dans ma chair mais qui me troublait l'esprit. J'ai connu des tempêtes psychologiques, perdue entre les mensonges des hommes et ladite promesse de l'avènement de Jésus. J'ai connu des tempêtes émotionnelles avec des ruptures trop brutales, des pertes d'identité et de repères dès le bas âge. Tout cela joue sur le caractère, sur la personnalité et sur l'image que vous avez de vous-même. Et cela prend énormément de courage et de sagesse pour apprendre à se relever des défis de la vie, d'où l'importance du MBA du bonheur. Un art de vivre qui vous protège et vous guide au travers des problèmes et intempéries de la vie.

Schéma des tempêtes de la vie

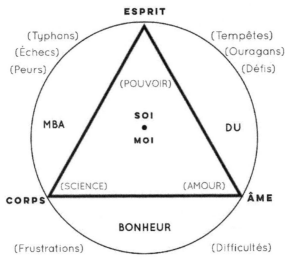

(Obstacles de la vie)

ESPRIT

(Typhons) (Tempêtes)
(Échecs) (Ouragans)
(Peurs) (Défis)

(POUVOIR)

SOI
•
MOI

MBA DU

(SCIENCE) (AMOUR)

CORPS ÂME

BONHEUR

(Frustrations) (Difficultés)

Quels sont les dégâts que peuvent causer le manque de MBA du bonheur?

Personnellement, j'ai dû faire de nombreuses recherches et faire un gros travail sur moi-même pour réussir à aller au-delà des tempêtes de ma vie. J'ai dû apprendre à faire la différence entre mes émotions et le vrai besoin à combler en amont. Il y avait aussi le poids de la religion, de la culture, mais surtout de la société, qui m'empêchaient d'exprimer librement mon art et mes passions, sans avoir l'impression de pêcher sans cesse et d'être acculée par des lois qui se contredisent dans mon esprit. J'avais un besoin constant de respecter certaines valeurs d'éthique enseignées à tort et à travers, alors que les gens autour de moi n'arrêtaient pas de faire l'opposé de ce qu'ils prêchaient. J'avais un besoin incessant de vouloir plaire à tout prix aux autres et un grand manque affectif constant ; du coup, je refusais de voir que c'était un réel problème. Jusqu'à ce que je réalise que je ne savais pas dire non, et que j'étais constamment dans cette quête de l'approbation des gens.

« Je ne l'aimais pas pour elle, mais pour le sentiment égoïste que cela me procurait, d'aimer l'aimer. »

Naomie Coaching

Je trouvais toujours des excuses aux autres pour justifier leurs mauvais comportements et leur manque de respect ou d'affection à mon égard. J'ai donc pendant des années été celle qui aimait en premier, qui donnait en premier, qui pardonnait en premier car j'étais à la quête d'amour et d'attention. Cela a créé de nombreux dégâts en moi car j'ai perdu de l'argent, du temps, de l'énergie ainsi que moi-même dans ce processus, à force de vouloir être première dans le cœur des gens. Je me rappelle encore cette relation amicale toxique qui m'as enfin ouvert les yeux sur mon état affectif. Plus jeune, j'avais une amie qui m'abusait émotionnellement, mais que je laissais faire, par ignorance des conséquences de sa mauvaise influence sur moi. Elle passait son temps à mentir pour obtenir de l'argent de tout le monde, elle me manipulait et me rabaissait sans cesse pour obtenir des choses de ma part. Lorsque je m'en suis rendu compte, je ne l'ai pas confrontée car je l'aimais et voulais continuer à maintenir notre amitié, qui selon moi, n'était pas mauvaise en soi. Je me disais alors que l'argent n'était rien, et que si cela prenait si peu pour qu'on soit en paix. Alors je continuerais à lui en donner pour que notre amitié dure à jamais. C'est vrai que l'on peut attribuer cela a de l'amour car nous étions encore très jeunes à l'époque, mais la vérité c'est que cela cachait un très gros manque affectif et un manque d'affirmation, car j'étais même prête à payer pour ne pas avoir à faire face à la réalité et briser une relation qui était toxique.

« Mon cœur sait que tu ne m'aimes pas, mais puisque c'est difficile pour moi de l'accepter, je préfère te trouver des excuses pour justifier à mon esprit ton manque de respect pour moi. »

Naomie Coaching

En réalité, comme j'avais besoin de son affection, je restais amie avec elle, pensant bien faire, par pur manque de confiance en moi et par manque de respect envers mes propres émotions, qui en prenaient un gros coup. Par la suite, j'ai appris qu'elle disait du mal de moi dans mon dos à des amies et même à mon petit ami de l'époque. J'ai eu tellement mal que j'ai été contrainte de mettre un terme à la relation. Il a fallu un choc émotionnel pour qu'enfin je m'éloigne d'elle, sans même lui donner de raison. Quelques mois plus tard, elle est revenue vers moi pour me demander pardon pour tout le mal qu'elle m'avait fait. Même si nous n'avons pas gardé le contact par la suite, j'ai réalisé que j'étais vraiment dans une relation toxique, sans vouloir l'admettre, car dans toute relation, même toxique, il y a toujours une responsabilité commune. J'ai surtout réalisé que je n'étais pas meilleure qu'elle, elle voulait me dominer et moi, je voulais de l'affection à tout prix. Finalement, même si je ne lui ai jamais fait de mal, j'aurais quand même pu la confronter, comme de vrais amis le feraient quand il y a un problème, mais j'avais peur qu'elle se braque et me quitte. J'avais peur du rejet et de ne plus vivre notre relation. J'étais aussi malade qu'elle, mais ma maladie à moi était affective.

Quelles sont les causes de ces dégâts ?

Mon mal-être était profond, mais je ne le voyais pas, je refusais d'accepter que ce fût une carence affective, de la violence psychologique envers moi-même. Une vraie blessure d'âme et un manque d'amour qui venaient en fait d'un manque beaucoup plus profond : j'avais besoin d'attention, d'un sentiment d'appartenance.

Mes parents ont toujours été là pour mes frères, mes sœurs et moi, mais j'ai manqué d'attention, d'affection et de tendresse, un mal-être que j'essayais de transposer dans des relations amoureuses ou amicales. Et mon hypersensibilité n'aidait pas car elle me faisait ressentir les choses de manière amplifiée. Cependant personne ne me comprenait, j'avais un mal-être profond, un sentiment d'incompréhension face aux institutions, à la société, aux divisions familiales et à la destruction de la nature. J'avais beau le crier, les gens autour de moi s'en moquaient, pire, on me prenait pour une naïve à fleur de peau qui refusait de sortir de son monde de Peter Pan.

« Les défis de la vie ne sont pas supposés vous paralyser, ils sont supposés vous aider à découvrir qui vous êtes. »

Bernice Johnson Reagon

Vous vous imaginez bien que le manque de communication entre mon univers interne hypersensible, qui recherchait l'amour et la paix, et le monde externe barbare et violent, qui voulait me forcer à être et à accepter ce que je ne suis pas, a fini par me détruire à petit feu. Mon rapport à la nature était tel que juste le fait de voir une simple fleur en éclosion m'émerveillait tellement, au point de me faire pleurer à chaudes larmes. J'étais amie avec les animaux et je ne voulais même pas qu'on tue une mouche. J'avais un profond besoin de non-violence sur tout et pour tout, et cela a commencé très tôt. L'injustice me répugnait au plus haut point, et j'avais la méchanceté en horreur. Un vide profond a commencé à prendre place en moi, comme une tumeur, et me donnait un sentiment de non-appartenance : à cette terre, à ma famille, à société. Plus tard, j'ai pu combler ce vide en faisant la réconciliation avec mon état divin, en développant une relation avec Dieu.

« J'ai toujours été une enfant spéciale, une enfant de lumière, mit à part; mes parents étaient juste trop occupés pour s'en rendre compte. »

Naomie Coaching

L'art a toujours été ma plus grande passion. Créative dès mon jeune âge, je dessinais et chantait; des choses que j'ai dû oublier en grandissant, car ce n'était pas bien vu par la communauté religieuse et africaine. Le mannequinat était vu comme de la prostitution et la musique associée à du banditisme. Allez expliquer à mon père à cette époque que les chanteurs faisaient plus d'argent que les experts comptables. Il vous aurait sûrement répondu "Je préfère investir mon argent pour vous donner un avenir noble et respectable." Naomie, bien que toujours dans les rangs, finissait toujours par être au-devant de la scène, obnubilée par la lumière des projecteurs. Mais à force d'être combattu, on finit par baisser les bras et on troque ses rêves de paillettes (condamnés à tort) pour un condo en forme d'allumette, un 9 à 5 pour se distraire et un "métro boulot dodo " à outrance, de quoi noyer ses ambitions et anesthésier ses capacités à tout jamais.

« Parents, sachez que chacun de vos enfants est unique en son genre et à des besoins spécifiques à combler. »
Naomie Coaching

La première mission de chaque parent est d'orienter son enfant vers sa propre destinée et non vers la leur? De l'aider à découvrir son réel langage de l'amour, son langage d'apprentissage des différentes sciences, et son langage d'autorité pour extérioriser son pouvoir. Car l'amour, le pouvoir et la science sont l'essence même de la vie, et à travers eux, l'homme communique des informations pour s'affirmer dans la société. Votre enfant ne vous appartient pas, il vous a été prêté par la création divine afin de l'aider à acquérir les informations nécessaires pour sa bonne évolution. Votre deuxième mission, est donc de les aider à reconnaître leur voie et leur appel, en les laissant être leur propre personne et non une copie conforme de qui vous êtes ou de qui vous auriez souhaité devenir. Enfin votre troisième mission est de répondre à leurs besoins et de les combler tant qu'il en est encore temps.

« Un parent est un leader qui influence les choix de son enfant mais qui n'impose pas ses propres ambitions et désirs à son enfant. »

Naomie Coaching

Par exemple, je recherchais toujours l'Amour, envers et contre tout, mais comme je n'ai pas été guidée, je suis tombée dans l'amour toxique, celui qui justifierait tout, même le manque de confiance en soi. J'avais une définition confuse de l'amour et le fait de m'identifier à ce que les autres pensaient ne m'aidait pas à créer l'environnement d'amour que je voulais vraiment. Si mes parents avaient pris le temps de m'inculquer ces choses, je n'aurais pas fait tous ces essais erreurs. Aujourd'hui, je sais qu'ils ont fait ce qu'ils ont pu, car on ne peut pas donner ce qu'on n'a pas. Je faisais toujours tout pour démontrer aux autres que je les aimais vraiment, un peu comme pour leur montrer comment je voulais être aimée en retour. Jusqu'à ce que je comprenne que l'amour, comme le bonheur, ne se donne pas il se crée, car personne ne peut vous rendre heureux ou vous aimer comme il se doit si vous ne savez même pas ce qu'il vous faut à la base. Vous devez trouver votre bonheur vous-même et vous présenter devant les autres chargés de ce courant d'amour afin de communiquer la joie en abondance.

« La tournure de votre vie dépendra de la définition que vous donnerez à tout ce qui vous environne. »
Naomie Coaching

J'ai dû apprendre à définir ce que je considère comme amour et bonheur, non en fonction de ce que les autres pensaient ou de la définition du Larousse et de Google, mais en fonction des besoins de mon âme, de l'acceptation de mon corps, de l'entendement de mon esprit, et tout ceci en corrélation avec mon environnement interne comme externe. Le MBA du bonheur c'est littéralement imposé à moi, surtout lorsque j'ai compris que nous sommes les seuls responsables de notre bonheur.

4

La Formule du MBA du Bonheur et comment l'atteindre

Petite, j'étais très connectée à la nature, à sa faune et sa flore. J'accordais une attention particulière aux mouvements symphoniques et harmonieux de la nature, j'étais en parfaite symbiose avec cette dernière, elle pouvait ainsi me parler et m'enseigner, c'était mon amie, ma confidente, ma mère. En grandissant, je me suis détachée d'elle à cause de mon nouveau mode de vie ; et par la suite, j'ai commencé à me sentir de plus en plus mal dans ma peau et fébrile, sans savoir d'où ça provenait. Je n'avais plus goût à rien et tout me semblait futile, dérisoire. J'ai cherché pendant longtemps d'où provenait ce mal. Pourtant, c'est en retournant à mes racines que mes pas m'ont menées à nouveau vers la nature et la spiritualité : Dieu.

Je me suis surtout rendu compte en faisant mes recherches qu'elles sont interreliées. Dieu dans sa sagesse immense utilise toujours la nature pour nous enseigner, pour nous guérir et même pour nous restaurer. La nature est constituée de multiples connaissances et informations que nous pouvons exploiter pour notre développement personnel et sociétal. La nature est parfaite et elle semble avoir compris sa mission, en tout cas mieux que les hommes. De ce fait, j'ai décidé de réapprendre à m'intéresser à la nature et à intégrer son essence dans chacun de mes projets. Le tout afin de mieux comprendre la raison d'être de notre si belle planète bleue, d'analyser son style de vie pour mieux s'adapter à l'évolution du monde, et surtout de prendre exemple sur elle, en ce qui concerne la survie de son espèce. Observez comment elle arrive à stabiliser cet écosystème dont nous bénéficions tous.

« Réveillez le papillon qui sommeille en vous afin d'atteindre l'ultime version de vous-mêmes. »

Naomie Coaching

Le papillon commence sa vie en tant que chenille et par la suite il se transforme en papillon en passant par un processus long et périlleux pour atteindre son ultime version. Cette particularité le met à part en tout point de vue des autres espèces animales et fait de lui l'une des entités des plus mystérieuses et merveilleuses de la création divine. Il y a quelque chose de tellement miraculeux et sacré qui s'opère dans leur changement de forme, que cela mérite vraiment notre attention. C'est un mystère qui renferme beaucoup d'enseignements dont l'homme peut se servir pour réussir à se transformer en une meilleure version de lui-même. Ce phénomène m'a tellement fasciné que j'ai décidé de faire mes recherches sur le sujet, et j'y ai découvert tellement d'informations utiles et nécessaires au développement de l'homme. Il y a d'ailleurs de grandes similitudes avec les grandes transformations que subit l'être humain: l'éveil de l'esprit, la poussée de croissance, la maturation émotionnelle. Ainsi, l'être humain commence sa vie en nourrisson et grandit progressivement pour atteindre finalement l'âge adulte, étape durant laquelle il va garder la même structure morphologique jusqu'à la fin de sa vie, mais pas nécessairement le même état d'esprit. Dans ce livre, je vous démontre donc, comment cette transformation tridimensionnelle du papillon peut se transposer à celle de l'être humain, afin de vous aider à éveiller le papillon qui sommeille en vous et à vous éveiller enfin à la version absolue de vous-mêmes.

Qu'est-ce que la chrysalide ?

Chaque étape du processus de transformation de l'état de chenille à celle de papillon compte, mais il va sans dire que celle de la chrysalide, est de loin la plus importante de sa vie. Elle lui demande beaucoup plus de temps et d'énergie et surtout de concentration pour atteindre cet état physique et spirituel transformé. Le papillon commence sa vie sous forme de larve, il va muter progressivement dans le temps jusqu'à devenir une chenille. Plus tard, il va commencer à manger excessivement (similaire à l'acquisition de connaissances) pour pouvoir grossir et grandir considérablement et ainsi atteindre le stade de maturation. La chenille une fois mature et prête à être jetée en terre telle une graine, va entrer en hibernation pendant une période donnée au cours de laquelle elle va recevoir tous les éléments nécessaires à son bon développement, et ainsi parfaire sa transformation. Période durant laquelle elle va connaître sa grande métamorphose, pour enfin complètement changer d'apparence physique et devenir un papillon : c'est l'étape de la Chrysalide. La chrysalide est tout simplement le processus par lequel une chenille va quitter son état originel et se transformer en papillon. La chenille va mourir à elle-même telle cette graine enterrée dans le sol et produire plus tard une merveilleuse plante en bonne santé. Ainsi, il faut accepter de laisser mourir la graine de soi, pour renaître à la vie en abondance.

« Une graine semée dépeint l'essence de la vie en abondance, car elle représente une multitude de potentialités. »

Naomie Coaching

Si nous allons encore plus loin dans la vérité qui n'est pas toujours présentée et reconnue à sa juste valeur, nous pouvons dire que la chrysalide est le phénomène d'éveil de conscience par lequel, la chenille transcende son être en trois dimensions et se métamorphose en la meilleure version d'elle-même. On observe ainsi des changements physionomiques, où elle va quitter de sa forme de larve rampante et composée d'une tête, un thorax, d'un long abdomen, des pattes et des ventouses, etc. Le tout pour devenir un papillon, comportant, en plus des ailes, des antennes, des trompes, des yeux... Elle va également passer par des changements émotionnels, puisque sa mission va changer; ses besoins seront donc tout aussi différents. La chenille semble avoir pour mission principale de survivre jusqu'à sa grande transformation en papillon, tandis que le papillon en revanche, vit pour survivre jusqu'à sa reproduction et perpétuer ainsi son but ultime, qui est de maintenir la survie de son espèce. Ceci va engendrer des besoins différents, pour atteindre leurs objectifs.

Enfin, des changements spirituels vont également s'opérer puisqu'on passe d'un espace de gravitation terrestre à un espace aérien. Il faut ainsi de nouvelles armes de défense et protection; un esprit de discernement plus aiguisé et un instinct de survie plus élaboré pour surmonter les dangers qui les guettent et peuvent les empêcher d'atteindre leur objectif. À mes yeux d'ailleurs, l'âge de la puberté représente parfaitement cette étape de transformation chez l'être humain, période où il est censé apprendre à régénérer ses forces et à se transformer en la meilleure version de lui-même. En l'occurrence ici, en adulte parfaitement initié au code de la vie et prêt à affronter son destin. Malheureusement, cette étape n'est pas bien comprise, ce qui fait que l'homme est livré à lui-même, sans code, sans foi ni loi. Il est assujetti à un certain nombre de lois, comme le monarque, et pour survivre, il faudra comprendre ces lois et les traiter, pour l'aider à atteindre sa mission de vie. Ce que j'appelle: *la loi du 10-90 ou loi du monarque.*

Schémas des cycles de vies, du papillon et de l'homme

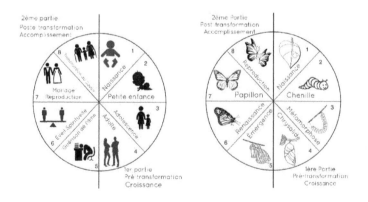

Qu'est-ce que la loi du Monarque ?

En faisant mes recherches, j'ai constaté que beaucoup de gens, ne parviennent pas à atteindre leur meilleure version d'eux-mêmes (l'état papillon), tout comme beaucoup de chenilles, car ils ratent ou n'atteignent pas leur processus chrysalide, par refoulement ou ignorance. J'étais d'autant plus choquée de constater qu'en fait, 90 % des chenilles n'atteignent pas l'état de chrysalide; En fait, seules 10 % des chenilles atteignent réellement leur objectif, et représentent les millions de papillons qui embellissent notre si belle planète. Cela signifie qu'en réalité, plus de 90 % des chenilles n'atteignent pas leur pleine maturité à cause de tous les dangers qui les guettent pendant leur parcours. Conséquence: la majorité périssent en chemin. Quel crime!

« Survivre est une victoire qui mérite d'être célébrée. »

Naomie Coaching

La transformation du papillon n'est pas inconnue du grand public, mais les secrets de son atteinte le sont. Beaucoup de gens ignorent encore les génocides qui se produisent dans l'esprit car le cas du papillon est semblable à celui de l'humanité. Sur le plan physique, pensez un instant à tous ces bébés qui meurent à la naissance, à ces fausses couches, et à tous ces avortements passés sous silence. Sur le plan physique, pensez à toutes ces femmes qui n'accouchent pas malgré qu'elles soient disposées physiquement à donner la vie, à toutes ces personnes impuissantes, mais surtout à ces morts tragiques qui n'ont pas réalisé leur mission de vie. Enfin sur le plan spirituel, pensez à ce génocide intellectuel, cette ignorance collective qui est perpétuée pour que les gens ne parviennent pas à la connaissance et surtout à l'autonomie financière. Aujourd'hui encore, on meurt de faim dans le monde alors qu'il y a de quoi nourrir toute la planète. 90 % des humains sont voués à travailler pour 10 % de la société. La vérité, c'est que seule 10 % de la population atteint réellement la transformation tridimensionnelle, pendant que les 90 % autres sont voués à périr sans atteindre leur mission de vie. Voici la loi du monarque. Posez-vous alors la question, à savoir "Comment faire partie des 10 %" ?

« Soit le changement que tu veux voir dans le monde. »
Buddha

J'aime penser que le monde a changé et que même s'il y a des manquements dans la société, on pourrait pousser notre propre réflexion, questionner notre environnement et chercher des voies et moyens pour créer soi-même ce qui n'existe pas encore, mais qui est déjà bien défini dans notre esprit et qui est nécessaire au bon développement de l'humanité. C'est donc notre entière responsabilité de transmettre aux autres ce que nous avons reçu comme information, même si ce ne sont que des idées, afin qu'un jour une découverte voie le jour.

Pour ma part, j'ai décidé de me placer parmi les bâtisseurs d'un monde meilleur, de ceux qui apportent des solutions aux problèmes courants et qui révolutionnent des industries, des procédures et même des façons de penser et des savoir-faire. Je me positionne en visionnaire et en co-fondatrice du monde de demain, celui dans lequel je veux voir ma fille évoluer et s'épanouir pleinement, dans un environnement sain et émergent. Ce monde meilleur passe par ce transfert de connaissances, de savoir et de pensée, auxquels ce livre contribue. Il est le résultat d'échecs scolaires, relationnels, personnels, professionnels, mais aussi sociétaux. Une addition très salée qui m'a poussée à aller au plus profond de moi-même et à analyser mes forces et mes faiblesses afin d'essayer de comprendre d'où venaient les dysfonctionnements et les échecs successifs que j'accumulais autour de moi. Cet héritage, je veux le léguer à ma fille et à tous ces jeunes qui me liront encore dans quelques décennies.

« Quand la vérité revendique sa place, la science du bonheur s'impose. »

Naomie Coaching

Je me suis dit que cette grande découverte ne devrait pas rester inconnue. Au lieu d'attendre que les choses arrivent ou d'attendre d'être la meilleure dans un domaine, j'ai décidé de faire de ma vie un prototype à cette découverte et de partager au grand jour mes recherches, afin que tout être humain lambda fasse sa propre critique ; Si c'est un savoir pertinent pour lui, alors à moi de lui donner accès à cette information sans qu'il n'ait à payer des milliers de dollars dans de grandes universités prestigieuses pour se transformer réellement et atteindre l'éveil de conscience. Il peut l'utiliser et le mettre en pratique dans sa vie immédiatement pour ensuite le transmettre à son entourage. Je vous propose donc cette connaissance qui pour moi est réellement un moyen d'accéder au bonheur, si on décide de le créer personnellement en utilisant cette formule que je vous donne. C'est ce qui dans quelques années deviendra la priorité de chaque être humain et bien entendu de chaque société : la quête du bonheur au travers de la mission de vie. Je vous propose donc d'être la meilleure version de vous-mêmes, d'être un papillon libre et transformé, qui vole de ses propres ailes, toujours plus haut, toujours plus loin, et qui transcende sa réalité à chaque étape de son cycle de vie.

Je vous propose ma goutte d'eau dans l'océan de la connaissance, pour faire avancer la science du bonheur que j'appelle: le MBA du bonheur.

Qu'est-ce que le MBA du bonheur?

Le MBA (maîtrise en business administration) est la plus prestigieuse formation internationale en matière de gestion d'entreprise. Créée et développée en premier lieu dans les universités américaines de business, elle était destinée à révolutionner l'apprentissage d'ingénieurs désireux d'accéder à des fonctions de gestion. Petit à petit, elle s'est ouverte au grand public international, mais elle reste focalisée sur le développement de compétences en management, ou mieux, la transformation des connaissances de professionnels ayant déjà une base initiale dans le monde du travail. C'est donc un diplôme d'excellence qui aide à mieux comprendre la gestion d'entreprise et à s'adapter aux changements que subit de l'entreprise dans sa globalité.

L'apprentissage est très empirique et pratique puisque le but est que l'apprenant construise son savoir autour d'études de cas et de projets concrets, afin de l'amener à sortir de sa zone de confort et par lui-même chercher, tester et appliquer l'information qu'il reçoit. L'apprentissage est aussi très exigeant, car il demande beaucoup d'investissement en argent, en temps et en énergie. Telle une formation militaire, il faut un énorme engagement personnel afin de l'obtenir. Bien entendu, du fait de sa notoriété, c'est un programme encore très restreint et peu accessible à la masse, car l'accès y est très sélectif. Il est encore très élitiste puisqu'il ouvre les portes du sésame des grandes entreprises à ceux qui l'obtiennent.

« Si votre question est de savoir si j'ai un MBA, ma réponse est non, pas le leur, mais le mien. »
Naomie Coaching

Le MBA (Meilleure maîtrise de ses Besoins, pour Accélérer son bonheur), que je propose représente un diplôme qui va vous permettre d'atteindre les portes de l'entreprise de votre vie, mais aussi, celles du bonheur. C'est un diplôme qui vous permettra de travailler dans l'entreprise de vos rêves où vous serez votre propre boss. Vous serez cette personne qui manage et gère les grandes lignes directrices de votre vie, bien sûr par la grâce toute puissante de Dieu.

Schéma de la formule du MBA du bonheur

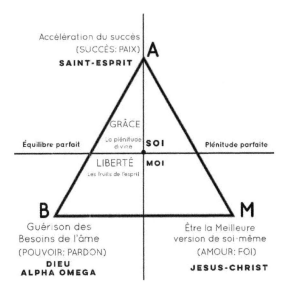

Décodage du MBA du bonheur

$$MBA=\sqrt{((M+B))} \ X \ A^2$$

Le Bonheur

Le bonheur est un concept assez relatif, car nous le cherchons tous, nous y aspirons tous mais personne ne saurait réellement définir le bonheur de manière générale et universelle. Je pense sincèrement que cela a un lien avec la complexité du concept lui-même, puisque c'est un chemin et un sacerdoce en lui-même. Le bonheur ne se trouve pas entre mes lignes mais dans votre cœur car c'est vous seul qui pouvez vraiment définir ce qui vous suffit. Je peux néanmoins vous dire ce que j'ai compris du bonheur : le réel bonheur commence par la joie et se termine toujours par la paix. Le bonheur c'est tout ce qui vous comble de joie et vous procure la paix, c'est tout ce qui vous aide à aller de l'avant et à profiter de la vie. Le bonheur c'est tout ce qui vous rend heureux, joyeux, ambitieux, glorieux, reconnaissant, etc. La science du bonheur vous aide donc à définir votre propre bonheur, au regard des éléments qu'il vous faut pour parfaire votre quête de soi.

M = MEILLEURE

Pour être heureux, il faut toujours tendre au bien, à ce qu'il y a de bon en nous et autour de nous, à ce qu'il y a de meilleur en toutes choses; mais surtout, il faut tendre à s'améliorer sans cesse pour vivre en paix. Lorsqu'on est heureux, on est meilleur peu importe si tout n'est pas toujours rose autour de soi, car le bonheur rassure les lendemains, comble les cœurs et guérit les peurs. Il faut donc sans cesse aspirer à être la meilleure version de soi-même, et ce, pour chaque facette de son être tridimensionnel. Ainsi, pas besoin d'être meilleur à 100 % en tout temps et en toute chose, il suffit juste d'avoir un équilibre, donc le minimum dans chaque aspect de son être pour pouvoir parler de bonheur. Il suffit en fait de trouver son bonheur en toutes choses. Un grain de perfection ou juste un peu de paix, de joie et d'amour en soi et autour de soi. C'est pourquoi il suffit juste de la $\sqrt{M}$ (racine mathématique de M) ou M1/2 (la moitié de M) pour contribuer à son bonheur.

B= BESOINS

Pour atteindre le bonheur, il faut identifier son besoin et cerner le moyen de l'atteindre. Il est donc primordial d'avoir un certain équilibre dans ses réels besoins tridimensionnels. Il faut donc être en mesure de combler ses besoins primordiaux pour chacune des dimensions de votre être. Par la suite, il faut être capable de les maîtriser pour atteindre un certain équilibre dans chaque étape de son évolution, et pour enfin pouvoir parler de bonheur. Ainsi, nous n'avons pas besoin de maîtriser tous nos besoins à 100 % en tout temps, il suffit juste d'avoir un équilibre c'est-à-dire, le minimum dans chaque étape de notre évolution pour pouvoir parler de bonheur. Cherchez à combler vos besoins vitaux et par la suite ajustez-vous sur le reste de vos envies. C'est pourquoi il suffit juste du $\sqrt{B}$ (racine mathématique de B) ou B1/2 pour contribuer au bonheur.

A = ACCÉLÉRATION

Pour vivre le bonheur au quotidien, il faut savoir comment équilibrer et accélérer son succès. Lorsqu'on a du succès en permanence, on accélère ses chances d'être en paix et donc d'avoir du bonheur. La clé réside donc dans la multiplication du succès dans chaque domaine de sa vie, pour activer l'accélération de son bonheur. Pour cela, il faut atteindre une certaine hygiène de vie qui provient de la bonne santé de chaque état de votre être tridimensionnel et des domaines clés de votre vie. Ainsi, nous avons besoin de travailler chaque domaine à 100 %, lentement mais surement, car le but n'est pas de courir après le succès, mais de l'attirer à nous de manière saine à chaque étape de notre parcours. C'est pourquoi la pleine capacité de notre potentiel de réussite est requise, soit A2 (A au carré) pour atteindre un certain bonheur au quotidien.

Voilà, je vous ai tout dit sur le MBA du bonheur. J'espère que vous avez hâte de le découvrir et surtout de vous découvrir.

Êtes-vous prêt ? 1, 2, 3, Go ! Que la partie commence.

5

Les Dimensions du MBA du Bonheur

Pour pouvoir jouir de son bonheur de manière constante, il faut accélérer son succès, et cela implique d'intégrer les éléments essentiels de management courant pour gérer sa vie. Notre vie étant une grande entreprise, il faut s'assurer d'avoir en possession tous les moyens humains et matériels nécessaires pour nous aider à atteindre notre mission de vie. La science du MBA du bonheur, est donc la science qui étudie les moyens dont disposent l'être humain pour s'accomplir en tant qu'individu. Elle lui permettra d'atteindre une potentielle satisfaction dans les domaines clés de sa vie, afin que son bonheur soit parfait et constant. Le MBA du bonheur a donc pour objectif principale de faire de nous des gestionnaires de vos vies.

Pour ce faire, il implique l'intégration des 4 fonctions du management conventionnel à savoir le PODC (planifier, organiser, diriger et contrôler) pour équilibrer sa vie. Elles vous permettent de fusionner vos forces à vos faiblesses pour atteindre une harmonisation parfaite de sa vie au quotidien. On appliquera ainsi cette formule aux quatre grandes dimensions du MBA du bonheur (corps, âme, esprit et environnement). Enfin, on ajoute les quatre domaines clés à maîtriser (décision, vocation, ascension, relation), pour accélérer le succès dans sa vie. Des domaines indispensables à notre bonheur et qui régissent les grandes lignes de notre vie, au travers des rôles qu'on y joue. Ici, je vais vous donner les grandes lignes et nous pourrons pendant la formation entrer dans les détails et vous aider à maximiser vos chances d'être heureux. Les ateliers que nous aurons pendant la formation seront aussi un bon moyen de développer et d'échanger nos connaissances sur chaque sujet traité, alors soyez attentif et prenez la formation en ligne pour parfaire votre apprentissage.

Le PODC du bonheur

Le programme académique du MBA, met en exergue quatre attributs de management : le PODC (planifier, organiser, diriger et contrôler), pour pouvoir gérer une entreprise. De même, pour pouvoir administrer sa vie, le MBA du bonheur utilise aussi quatre fonctions (PODC) significatives pour transcender son existence et attendre la satisfaction d'une vie équilibrée et épanouie au quotidien. Le PODC du bonheur, permet de structurer sa vie, afin de pouvoir accélérer son succès et atteindre le bonheur. C'est un activateur de bonheur, qu'il vous faut pour avoir une paix constante.

1. Planifier

Je me souviens d'une soirée entre amies il y a quelques années. Tandis qu'on finissait nos préparatifs, nous avons pensé appeler le taxi à l'avance. Une fois dans le taxi, nous avons dû attendre car nous n'avions même pas encore reçu l'adresse. Le compteur lui, était déjà en marche. Au moment où l'adresse arrive, une de mes amies s'est rendu compte qu'elle n'avait même pas son billet d'entrée sur elle. Nous avons dû donc faire un détour, sans quoi, impossible d'entrer. Nous avons perdu du temps et de l'argent, nous étions toutes stressées et finalement, personne n'a pu profiter du début de la soirée. De ce fait, la première leçon à en tirer est de clarifier sa vision, car cela nous permet d'être prêt pour notre voyage. Le manque de préparation nous fait perdre de l'énergie. La deuxième leçon consiste à savoir comment planifier un voyage, s'organiser en conséquence et surtout avoir la paix d'esprit. En effet, l'expérience nous a montré que si mon amie avait été plus prévoyante, elle se serait rappelé qu'elle n'avait pas mis son billet dans son sac.

**« Planifier sa vie, c'est accepter sa vie.
C'est cela avoir l'esprit d'orientation. »**

Le temps, c'est avant tout de la planification, qui vous mènera éventuellement à la récolte de l'argent. Peu importe ce que vous voulez faire dans la vie, si ce n'est pas planifié à l'avance, vous le faites en vain. La planification vise à orienter les efforts d'un individu afin de l'aider à accélérer la réalisation de ses objectifs de vie. Lorsque vous apprenez à planifier, vous obtenez le sens de l'orientation et de l'équilibre; des valeurs essentielles, fondamentales et primordiales à transmettre à un enfant pour son bon développement dans ce monde. Le sens de l'orientation nous aide à garder le focus sur le chemin que l'on veut emprunter. L'équilibre vous permet de garder les deux pieds sur terre et vous aide à vous maîtriser sur la route. Savoir où l'on va et comment s'y rendre est donc la base la plus essentielle du sens de l'éducation d'un enfant et ce qui fait toute la différence. Sommes toutes, les trois choses que vous devez donc retenir de la planification, c'est qu'elle vous fait gagner en temps, en argent et en énergie. Mais surtout, elle vous donne la paix et la tranquillité d'esprit au quotidien.

2. Organiser

Comprendre le fonctionnement de la vie et développer une connexion avec elle, pour réussir dans la vie est primordial. Ainsi, il est important de prendre conscience du temps, l'élément le plus précieux de notre vie sur terre afin de pouvoir mieux atteindre ses objectifs. Nous le savons tous, il y a un temps pour toute chose dans la vie, la planification est la première des priorités, certes; mais l'organisation vient en second. Votre relation avec le temps déterminera votre capacité à atteindre vos objectifs. Il faut donc développer l'intelligence des temps afin de mettre de l'ordre dans sa vie et vivre le réel bonheur. Prenez conscience de la valeur de votre temps et réalisez que la gestion du temps dépend principalement de vous. Prenez dès maintenant des mesures pour organiser votre temps en conséquence et faites preuve d'autodiscipline.

« Le temps est l'or le plus précieux au monde. »
Naomie Coaching

Les gens qui tergiversent ne sont souvent pas très bons en gestion de temps. Ce que j'entends par là, c'est qu'ils peuvent sous-estimer le temps que quelque chose leur prendra. Ils ne vont donc pas y consacrer suffisamment de temps, et les choses finissent par ne pas se faire ou se font en retard. Ils peuvent également surestimer le temps qu'une chose leur prendra. Ils vont donc rendre la tâche beaucoup plus importante qu'elle ne l'est réellement, en y consacrant trop d'énergie ou finissent par ne plus il la faire. En fait, il vous faut maîtriser la gestion des opérations, pour accroître votre productivité. Il vous faut donc améliorer votre gestion du temps en vous entraînant par exemple, à estimer le temps que prendra une tâche. Vous pouvez commencer avec des tâches avec lesquelles vous rencontrez le plus de difficultés. Vous pouvez aussi chronométrer le temps que cela vous prend pour faire une tâche. Et une fois que votre chronométrage se sera amélioré, vous pouvez alors faire des estimations plus précises du temps que cela vous prendra, pour accomplir chaque étape de chaque tâche et ainsi de suite. En conclusion, les trois choses que vous devez retenir de l'organisation, c'est qu'elle vous fait gagner en productivité, en efficacité et en efficience. Mais surtout, elle vous aide avec la gestion des imprévus et du stress.

3. Diriger

L'art de diriger est ce qu'on appelle communément de nos jours le leadership. Avoir cette capacité de mener des troupes, mener des masses, juste en démontrant un certain charisme. Le leadership en effet est ce qui vous donne la capacité d'influencer les autres mais surtout d'organiser, de disposer et d'aligner votre propre vie à votre volonté. Être un leader implique de porter sur soi la responsabilité de sa mission par rapport aux autres, envers soi-même et son environnement immédiat. Cela requiert donc de faire preuve d'adaptabilité pour pouvoir réellement diriger. Tout le monde peut grandir et devenir un adulte, mais seuls les initiés disciplinés seront capables de devenir des leaders. Il faut aussi prendre le temps de comprendre son leadership, l'étudier et tout faire pour l'atteindre.

« Le leadership devrait être le premier enseignement qu'on donne à un enfant. Car à défaut d'être inné, il peut se développer au fil du temps avec un peu plus de persévérance et de détermination. »

Naomie Coaching

Chaque industrie se développe constamment pour être capable de survivre au changement, et vous aussi avez besoin de changer pour survivre à vos transformations de vie. Il faut certes posséder les qualifications et les compétences nécessaires dans son domaine d'activité, mais surtout, il faut inspirer le respect et la confiance de son équipe. Car un leader doit impacter, autant sur le plan professionnel que sur le plan relationnel. Le respect et la confiance se gagnent. Ils ne sont donc pas associés automatiquement au titre ou un certain poste. Votre plus gros défi sera donc de savoir communiquer les objectifs d'un projet, dans un langage clair et précis. Savoir aussi bien écouter que démontrer de l'empathie envers les membres de l'équipe. Autant d'éléments extrêmement essentiels pour une communication efficace et l'atteinte des objectifs. Il faut donc développer la gestion de projets afin de savoir motiver les troupes, mais aussi savoir critiquer lorsque nécessaire. Au final, les trois choses que vous devez retenir de la direction, c'est qu'elle vous fait gagner en confiance en soi, en charisme et en proactivité. Mais surtout, elle vous aide à développer la résilience et l'intelligence émotionnelle.

4. Contrôler

Une fois l'orientation décidée, il faudrait maintenant plier sa volonté et la diriger vers un certain but. Vous devez donner des directives claires à votre vie pour qu'elle ait un sens. Pour être le principal responsable et administrateur de votre vie, vous devez apprendre à guider vos décisions, en fonction des valeurs que vous choisissez vous-même d'ériger en juge pour votre vie. Par exemple, si vous êtes un chrétien, vous allez décider que c'est Dieu qui dirige votre vie. Mais cela ne peut se faire que si vous le décidez par vous-même. Beaucoup de gens ne sont pas heureux car ce sont d'autres personnes qui dirigent leur vie, consciemment ou non. Ils se laissent ballotter à tous vents et ne sont que les victimes des décisions des autres. Apprenez à exercer votre volonté sur votre vie, non pas en voulant tout contrôler, mais en lâchant prise. En laissant les valeurs que vous avez-vous-même choisi guider vos choix tout simplement.

« Si ce n'est pas votre propre volonté que vous exercez à votre vie, ce sera forcément, celle de quelqu'un d'autre que vous subirez. »

Naomie Coaching

Vous devez donc apprendre à connaître votre volonté, savoir ce que vous voulez réellement et surtout comment la présenter au monde. En tant que gestionnaire, il est impératif pour vous de développer des aptitudes de contrôle de gestion. Cela vous permettra d'améliorer les pratiques et les performances de l'entreprise de votre vie. Devant toutes les nouvelles tâches que l'on vous demande d'accomplir et surtout de maîtriser en devenant adulte, vous pouvez facilement perdre le contrôle et avoir l'impression que de nombreuses choses vous échappent. Beaucoup de gens vont ainsi se mélanger les pinceaux, en essayant de tout contrôler au maximum. Ce qui finit par entraîner au passage une charge émotionnelle énorme menant à la dépression et à des troubles de santé chroniques. Wonder Woman et Superman n'existent que dans les films; le secret pour s'en sortir, c'est d'apprendre à transmettre vos connaissances pour enfin pouvoir déléguer.

Si vous êtes dans un environnement où vous ne pouvez faire confiance à quelqu'un ne serait-ce qu'à 50% de faire une tâche pour vous, c'est qu'il y a un sérieux problème. Soit il vous faudra changer quelque chose en vous, soit vous devrez changer d'environnement. Sommes toutes, les trois choses que vous devez donc retenir du contrôle, c'est qu'il vous fait gagner en productivité, en flexibilité et en rentabilité. Mais surtout il vous aide à développer la maturité et la sagesse.

Schéma du PODC du bonheur

Les 4 dimensions ou plans du MBA

Le MBA du bonheur vous offre comme avantage la possibilité d'aller à la découverte de vous-même aux travers de ses dimensions et de définir de vous-même ce qu'est votre réel bonheur. De plus, vous bénéficiez d'un accompagnement tout au long de votre lecture, vous permettant d'éprouver vos connaissances et de les partager avec une tierce personne. Autant de particularités qui se retrouvent dans les dimensions du MBA (corps, âme, esprit et environnement). Ces dimensions ou plans vous aident à développer et à cerner votre personne en 4D, afin de mettre le doigt sur les éléments essentiels qui guident vos choix et ainsi les améliorer.

- ## La dimension spirituelle (esprit)

La dimension divine concerne notre rapport avec le divin. Notre esprit nous permet de maintenir notre rapport avec ce que l'on ne voit pas, mais qui est plus grand que nous et représente notre écosystème interne comme externe et qui va au-delà même de la Terre. Il est important pour l'humain de développer une relation avec cette énergie absolue (Dieu) qui vit en lui, car son bonheur proviendra de l'équilibre de cette connexion divine. Maintenant que vous êtes transformé, il est de mon devoir de vous dire la vérité sur le monde dans lequel vous venez d'émerger. Vous avez changé de dimension donc les prédateurs ne sont plus les mêmes, mais il y en a toujours. Désormais vous pourrez les voir et eux aussi vous verront. Il faut donc que vous sachiez comment vous défendre face à leurs attaques, et ce n'est pas pour vous décourager, mais vous serez combattu, mais les combats seront différents.

« Veillez donc, puisque vous ne connaissez ni le jour ni l'heure. »

Matthieu 25 : 1

Il y a des choses dans ce monde que l'on ne voit pas, mais qui régissent et définissent le monde physique dans lequel nous vivons. Il ne s'agit pas de vous effrayer, mais plutôt d'éveiller votre esprit afin que vos oreilles spirituelles s'ouvrent pour entendre et comprendre les choses cachées. On ne peut pas tout savoir ou connaitre du monde invisible, mais il faut connaître le nécessaire pour s'avoir s'armer, car qui peut le nier de nos jours, que nous sommes en guerre? Bataille entre le bien et le mal, entre les méchants et les gentils, entre David et Goliath. Interprétez cela comme vous le voulez, peu importe; mais si vous voulez vivre dans le bonheur, vous devez apprendre à vous armer et à vous protéger, de peur que vous ne se soyez décimé par ignorance.

« Soyez toujours armé, soyez sans cesse en prière. »

Naomie Coaching

Je suis moi-même une femme de prière, mais il m'est parfois arrivé de diminuer en prière et de baisser ma garde, parce que j'étais tellement occupée à cette époque. J'ai vite ressenti dans mon quotidien que quelque chose n'allait plus, je devenais lourde, les journées me paraissent longues et je n'utilisais plus mon sixième sens (ou discernement) pour faire mes choix. Ceux qui méditent beaucoup comprendront à quoi je fais allusion. Lorsqu'on passe beaucoup de temps sans pratiquer une chose, c'est comme s'il y a désormais un voile entre cette connexion surnaturelle et vous, et vous ne ressentez plus les choses de manière aussi intense qu'auparavant. C'est pourtant cela qui développait ma sagesse et mon intelligence supérieure, et qui surtout, m'aidait énormément dans ma maîtrise de moi et ma prise de décisions. À cette époque, j'ai fait des choix qui m'ont menée vers des chemins que je n'aurais jamais pris auparavant et me suis brûlé les doigts. Je me suis retrouvée perdante d'une bataille dans ce grand champ de guerre qu'est la vie. Peu après, j'ai fait une dépression temporaire, j'étais surmenée et stressée en permanence; je n'avais plus goût à rien. J'ai même perdu du poids, perdu mes cheveux, et j'ai eu des problèmes alimentaires doublés de problèmes de peau. Pourtant, en apparence j'avais toujours tout pour plaire et pour réussir.

« Le bonheur n'est pas une question d'apparences, mais d'équilibre. »
Naomie Coaching

Heureusement, il n'y a rien qui ne puisse être guéri par la grâce de Dieu. Le Seigneur m'a restaurée et a révélé en moi une puissance cachée extraordinaire, que je ne pensais même pas posséder. Aujourd'hui je sais que c'était juste la fin d'une ère spirituelle de ma vie et le commencement d'une nouvelle saison. J'ai eu un bébé, j'ai changé d'alimentation et suis devenue végétarienne, j'ai développé ma marque de produits cosmétiques bio Meshyne, j'ai évacué mon hypersensibilité et mes peurs en bloguant autour de sujets tabous et j'ai retrouvé le chemin de la prière et la méditation, ce qui m'a permis d'équilibrer mon énergie spirituelle à nouveau. Ma vie a alors changé une fois de plus, parce que j'ai changé de perspective et d'attitude. Juste en équilibrant ma vie, retrouvé le bonheur et la joie de vivre.

« L'enfant prodige est devenue une reine puissante, dotée d'un feu dévorant, qui détruit toute peur sur son passage. »
Naomie Coaching

Désormais, je sais qui je suis, j'ai appris moi-même à connaître les dangers de ce monde et à m'en protéger. C'est donc par expérience et sans prétention aucune, car j'ai été rachetée à un très grand prix, que j'ai décidé de consacrer ma vie entière à être l'ambassadrice de la justice et de l'amour, pour la gloire de Dieu. Ainsi, je veux aider à restaurer les vérités qui manquent à nos vies, afin que les mensonges d'antan qui nous tuaient à petit feu ne puissent plus avoir d'effet sur nous. Je veux que les gens (surtout les femmes et les jeunes) soient réellement informés puis transformés, pour qu'ils ne soient plus déformés ou consommés par la vie. Et cela afin que tous ceux qui m'entendront guérissent du manque d'amour et ce de manière définitive. Finalement, les trois choses que vous devez donc vous rappeler de la spiritualité, c'est qu'elle vous permet d'utiliser votre volonté, votre sagesse et votre vigilance.

• **La dimension physique (corps)**

La dimension physique concerne notre rapport avec nous-mêmes. Notre rapport avec l'image qu'on a de nous-mêmes (qui on croit être), avec ce que l'on veut atteindre comme objectif (qui on veut être) et ce que Dieu dit de nous (qui on est réellement). Le bonheur ici partira de l'équilibre que l'on a en nous-mêmes. Il faut donc prendre le temps d'être conscient de son corps, de sa santé et de son bien-être physique et environnemental. Faire du sport, manger sain, faire de la méditation, faire des activités liées à vos passions, tout cela fait partie de votre bien-être. Le bien-être ce n'est pas juste pratiquer du sport et du yoga. S'asseoir près des lacs reposants à observer la nature fait partie du bien-être, et manger équilibré également. La plupart des gens ne font pas attention à leur corps, à l'écouter et le comprendre.

Pour moi, le corps humain à cinq moteurs principaux : le cerveau, l'intestin, les poumons, l'appareil génital et le cœur. Il faut prendre le temps de bien les analyser et de les comprendre pour mieux prévenir que guérir, et ceci avant toutes formes de soins externes. La santé est le pilier du bonheur il faut donc la préserver. Quand on tombe malade, il devient impossible de fonctionner correctement, et cela nous fait tomber dans le déséquilibre. Notre corps humain est vivant et il y a de la vie à l'intérieur de nous. On ne devrait pas attendre d'attraper une gastro pour comprendre comment fonctionne notre système digestif. C'est tellement clair que chaque petit membre de votre corps à un rôle et une place dans votre vie et dans votre équilibre. Malheureusement, beaucoup négligent l'importance de prendre soin de chaque partie de leurs corps, et attendent juste que l'irréparable ne se produise.

« L'acceptation de soi, c'est la première immunité du corps humain. »

Naomie Coaching

Prenons l'exemple de Suzanne, une dame que j'ai connue et qui m'as raconté une histoire bien triste. Quand elle était jeune, elle s'est éprise d'amour pour un jeune homme, et ils ont commencé une relation. Elle ne voulait pas avoir de relations sexuelles avec lui mais a fini par accepter. Puis vint le jour où elle lui annonça qu'elle était enceinte. Il s'est enfui en la laissant seule face à cette responsabilité. Désemparée et apeurée à la pensée que ses parents la rejettent, elle décide de subir un avortement très risqué à plus de quatre mois de grossesse et dans des conditions très douteuses. Des années plus tard, elle finit ses études, se marie et rencontre un homme charmant et aimant avec qui elle décide de faire sa vie. Au bout de trois ans de relation, elle ne tombe toujours pas enceinte. Cinq ans après, la situation devenant inquiétante, elle décide de consulter et on lui apprend qu'elle est stérile et ne pourra plus avoir d'enfant. Sur le coup, elle repense à sa jeunesse et à l'enfant qu'elle a sorti de ses entrailles avec tous les cris et la douleur qui vont avec. Elle tombe sur sa face et se tord de douleur en se disant "mais qu'est-ce que j'ai fait ?" Elle consulte un médecin qui confirme sa stérilité. Sa vie prend alors une autre tournure et la culpabilité l'envahit.

Peu importe la fin de l'histoire, sachez une fois de plus que la santé n'est pas à négliger alors il serait judicieux de pas la placer dans les mains de quelqu'un d'autre. Ne négligez pas votre santé car les blessures passées peuvent vous rattraper et détruire votre paix, ainsi que vous voler votre sourire en chamboulant vos projets présents.

- ## La dimension émotionnelle (âme)

Les émotions jouent un très grand rôle dans notre développement, et les équilibrer est plus que primordial. L'amour peut avoir plusieurs formes et c'est la raison pour laquelle on peut aimer passionnément, jalousement, tendrement, mais aussi éperdument, et à la folie. Les émotions ne font que traduire copieusement les instructions données par le sentiment qui a engendrée cette émotion. Ne cherchez donc plus à refouler vos sentiments ou nier vos émotions, laissez-les faire leur œuvre en vous afin que vous ayez la paix. L'émotion est toujours vraie et justifiable puisque envoyée, il ne faut donc pas la détruire, sinon vous risqueriez de briser votre seul moyen de transmission avec votre âme. Cherchez en revanche comment les utiliser à votre avantage et surtout à comprendre d'où elles proviennent et pourquoi elles sont là, pour arriver enfin à stopper le saignement à la source.

« Les émotions révèlent les nombreux besoins de guérison de l'âme. »
Naomie Coaching

Quand il y a une blessure grave sur le corps humain, la première des choses à faire est de contrôler l'hémorragie et non la douleur. On va donc en premier temps mettre des compresses pour cesser la dispensation du sang; par la suite, on va faire un garrot pour empêcher le sang de circuler normalement dans cette section jusqu'à ce que l'hémorragie soit totalement stabilisée. On ne doit donc pas empêcher la douleur, mais juste faire diversion, car le réel besoin est ailleurs. De même, laissez vos émotions paraître, faites diversion pour ne pas les laisser vous envahir, mais avant tout, allez à la source. Ainsi, l'émotion nous donne une idée sur le sentiment qui nous anime et comment le contrôler pour mieux l'éliminer. Ceci vous mènera donc à une guérison des blessures de l'âme et à un apprentissage du code de l'amour, la source de toutes les émotions et de tous les sentiments.

« Vos croyances déterminent votre champ d'action: si elles sont bonnes elles vous seront avantageuses, si elles sont mauvaises, elles vous seront fatales. »

Naomie Coaching

Il y a plusieurs types d'émotions qui peuvent envahir l'homme, mais il faut pouvoir les contrôler pour arriver à un équilibre parfait et une bonne maîtrise de soi.

Prenons l'exemple de la culpabilité qui est une émotion très dense, qui s'éveille en nous donnant des sentiments assez complexes à gérer. Elle est l'émotion approfondie de la honte et plonge sa victime dans les profondeurs des eaux troubles de la peur. Paralysée, la victime se met à se blâmer, se questionner, se faire des scénarios, se morfondre, etc. Plus rien ne compte que le fait de rétablir l'erreur commise. Une fois de plus, la victime est seule à vivre le mal qu'elle a commis. On est plongé dans la colère envers soi-même et ce genre d'émotions peut mener très loin si on ne les libère pas et qu'on n'apprend pas de ses erreurs. Lâcher prise est la seule chose qui vous libère réellement. Une émotion est neutre, ni positive, ni négative, mais elle a le pouvoir de vous détruire ou de vous construire si vous le souhaitez. C'est vous qui lui donnez le pouvoir d'exister en la nourrissant ou en la refoulant.

« Remplissez votre esprit de la vérité intemporelle afin d'être moins soumis aux émotions passagères. »

Naomie Coaching

L'aigreur par exemple, est l'émotion la plus intense du sentiment de déception. Une personne aigre ne fait plus la distinction entre le bien et le mal, tout devient flou, au point ou même un rien peut attiser sa colère. Elle a perdu foi en la vie ou dans un domaine en particulier et la racine du venin est tellement enfoui en elle que ça devient très difficile de l'arracher. Car il faut aller plus loin dans le passé et contre toutes les déceptions qui nous ont amenés à être déçu et décider de tout abandonner.

« Rappelez-vous que se pardonner soi-même, c'est se donner une nouvelle chance et un nouveau départ. »

Naomie Coaching

Par exemple, une femme qui est devenue aigre à force de vivre une multitude de déceptions amoureuses et qui pense que tous les hommes sont méchants et mauvais comme ses ex, détruit la possibilité d'avoir une déclaration amoureuse de son collègue de bureau qui est plein de bonnes intentions et qui est prêt à l'aimer et construire quelque chose de solide ensemble. Ainsi, malgré son intelligence, sa beauté et sa générosité, son collègue ne voit plus que son aigreur, car à chaque fois qu'il essaie de l'aborder en lui proposant un verre, elle se rétracte. Elle est devenue tellement aigre par rapport aux hommes qu'elle ne se sert plus de son discernement ni même de son sens de jugement féminin (intuition) pour discerner si c'est un homme bien pour elle ou pas. Sa mémoire brisée et détruite par les déceptions lui envoie comme message que "les hommes correspondent à la déception". Et quand on arrive plus à ne plus user de son discernement alors on devient esclave de notre ignorance. Pourtant dans ce cas, précis, il était juste question de rencontrer l'amour de sa vie et être épanouie dans une relation saine. Mais vous voyez à quel point le manque de pardon crée des émotions lourdes et difficiles à porter qui nous rendent esclaves et nous empêchent de nous réaliser.

« Ne laissez pas vos blessures vous éloigner de votre objectif par manque de pardon. »

Naomie Coaching

L'aigreur conduit aussi souvent à l'autoflagellation et à la victimisation, toutes deux issues d'un profond sentiment de tristesse et de dégoût. En vérité, la victimisation est le mal du siècle présent, c'est ce qui encourage le plus les gens à rester dans leurs zones de confort et à rester attachés à leurs problèmes. Il est bon que les gens sachent d'où elle prend racine, pour qu'ils réalisent à quel point se victimiser les détruit. C'est l'instinct de survie par excellence qui nous conduit pourtant à une mort douce et silencieuse. C'est l'un des plus grands blocages psychologiques de l'homme, qui a sévit depuis des décennies. La victimisation est comme une drogue ou un cycle qui systématiquement vous plonge dans un rôle où vous vous sentez seul contre tous, et vous vous trouvez des excuses pour justifier le manque de ressources qui vous permettraient de combler les défiances que vous pouvez avoir face à une situation.

• La dimension environnementale

La dimension environnementale concerne notre rapport avec les autres, la société et l'environnement. C'est notre rapport avec l'image qu'on veut projeter de soi-même, mais aussi de la gestion de nos relations interpersonnelles. Donc notre communication, la gestion de conflits, mais aussi avec notre compréhension de la société dans laquelle on vit c'est à dire pratiquer le savoir-être et savoir-faire. Enfin notre rapport à l'environnement, à la nature et au développement durable. Le bonheur ici partira de l'équilibre que l'on a avec ce grand ensemble (on). Ainsi, nous avons des sciences qui régissent cette dimension, telles que l'anthropologie et l'écologie, ou encore l'économie et le développement personnel, afin de comprendre le fonctionnement général de l'individu interne (santé, besoins) comme externe (comportement, habitudes). Un environnement sain contribue à notre bonheur. Avoir une intelligence environnementale est primordiale de nos jours afin d'équilibrer notre vie dans un élan de développement durable.

« Ne pas parler à la nature c'est comme ne pas parler à sa mère. »

Naomie Coaching

L'environnement est important, car nous faisons tous partie de l'écosystème planétaire. Et en réalité notre corps fait partie de la nature puisque notre corps repart à la terre à la fin de nos jours et se fond complètement avec elle. C'est faux de croire qu'on peut juste vivre sa vie sans prendre en considération la nature et tout ce qu'elle nous dit de notre environnement. L'homme fait partie de la nature et ils communiquent donc tout le temps et tous les jours avec elle. La preuve, c'est que sans nos chaussures, on aurait les pieds sur terre et on serait en contact directe avec elle. Dans mes thérapies, je mets une grande emphase sur l'importance de s'ouvrir à la nature et à notre monde environnemental, car les deux contribuent énormément à notre équilibre vital. Nous respirons l'air chaque jour et nous possédons plus de 5 litres d'eau dans notre corps. Ne pas parler à la nature c'est comme ne pas parler à sa mère. Et tant qu'on ne s'ouvre à elle et qu'on ne se réconcilie avec elle, il y a toujours un manque pesant qui s'ensuivra. Nous sommes tous interreliés les uns aux autres et interconnectés à la nature. Elle nous parle chaque jour et elle a la capacité de nous enseigner et de nous guérir.

« Insensé, insensible, tu l'aimes mais pourtant tu la fuis. »

Section d'Assaut

Gaia est son nom et elle souffre de votre insensibilité, votre ignorance et indifférence à son égard. Ne serait-ce que par la chaîne alimentaire, prenez conscience de sa place, et aidez-la à garder ses espaces sains. C'est ma mère qui est à l'origine de ces petits comprimés blancs ou multicolores que vous prenez lorsque vous êtes malade. C'est elle qui vous donne ce que vous mangez, c'est aussi elle qui vous accueille quand vous naissez ou mourrez. Insensible, vous ne fais pas attention à elle et ne l'appelez que lorsque vous êtes malade. Elle vous porte dans son sein et vous donne tout et vous êtes incapable de lui faire plaisir en la gardant belle et en bonne santé. Tous les grands hommes du monde savent qu'une maman, il faut la choyer pour être béni. Il faut donc penser à l'avenir en appliquant le développement durable, en choisissant de faire des choix verts et respectueux de l'environnement. Dans votre alimentation au quotidien, pensez à l'environnement, dans vos tris de déchets, dans vos entreprises, dans vos achats.

« On ne t'offre pas un travail, on t'offre de te réaliser au travail. Nuance. »

Mouvement Desjardins

Ce ne sont pas les entreprises qui créent les hommes mais c'est l'inverse. On passe beaucoup plus de temps au travail qu'ailleurs alors pourquoi cela devrait être l'endroit où l'on est le plus faux avec soi-même et les autres? Imaginez-vous passer 8 à 10 heures de votre vie dans le mensonge, ensuite totalisez cela en mois, en années. Et vous vous demandez encore pourquoi le monde est perdu et que les hommes tombent malade ? Il y a urgence, il faut vraiment sonner la sonnette d'alarme pour éveiller les consciences. Ainsi, dans toute chose, il faut intégrer la conscience écologique et sociale afin que cela devienne une habitude pour tous.

« Ne faites pas de votre travail un potentiel cimetière. »

Naomie Coaching

Les gouvernements parlent aujourd'hui de responsabilité sociale des entreprises, ce qui est bien. Mais il faut vraiment l'intégrer dans l'ADN de chaque individu, puis dans celle des entreprises. Que ce soit pour la traçabilité des produits et services, mais surtout avec nos employés, et nos clients, car c'est avec eux que l'on interagit au quotidien. Combien d'employeurs sont conscients qu'il faut d'abord prêcher la bonne nouvelle dans leurs équipes avant de le faire aux clients ? Très peu. Surtout lorsqu'on fait face a déjà des entreprises-états qui ont parfois plus de pouvoir que les gouvernements, leur responsabilité est donc plus grande. Mais il faut toujours se rappeler que cette responsabilité est nôtre et nous avons tous un rôle à jouer dans cet effort de transmission des valeurs. Alors plus d'excuse, Gaïa a besoin de notre implication à tous et tous les jours, à commencer par nos petits gestes.

6

Soyez la Meilleure Version de Vous-même

Il y a dix ans à peu près, j'ai fait la rencontre d'une dame haïtienne tandis que je faisais des courses au marché russe près de chez moi, afin de décompresser. Elle m'a abordé et nous avons tout de suite sympathisé (nous étions toutes deux du quartier). Elle a remarqué que j'étais un peu triste et m'a dit quelque chose de surprenant : « Peu importe, le mal qui t'anime, tu ne devrais laisser cette horreur te consumer et détruire la beauté que tu es ». J'ai souri et nous avons continué à faire des emplettes comme si on se connaissait depuis des années. Nous avons passé plus de deux heures ensemble. Par la suite, elle m'a invitée à prendre un verre et nous sommes allées nous poser sur une terrasse. C'est là qu'elle me demanda : « Comment s'appelle-t-il ? » Et moi, toute gênée, de répondre : « Mais qui vous dit que c'est à cause d'un homme ». Ce à quoi elle m'a répondu : « Ce n'est pas à un vieux singe que l'on apprend à faire la grimace ». Puisque j'étais très réticente à lui parler de ma vie (ce qu'elle avait sûrement compris), elle s'est mise à me raconter la sienne : « Tu sais, être une femme ce n'est pas facile, mais il faut apprendre à trouver la force au plus profond de soi-même pour surmonter les obstacles de la vie. »

« La détresse profonde d'une femme n'est jamais bien loin de l'ombre d'un homme. »

Naomie Coaching

Elle m'a raconté sa rencontre avec son époux, à quel point ils se sont aimés tendrement pendant des années malgré le fait que la famille de son mari ne voulait pas d'elle, car elle était son aînée de 5 ans. Ceux-ci avaient tout fait mais leur amour était toujours plus fort. Un jour, après tout ce qu'ils avaient traversé en quinze années de mariage, ils ont décidé d'aller s'installer en Chine. Elle m'a expliqué qu'ils avaient tout essayé pour avoir des enfants, sans succès, et pourtant, aucun des deux n'était stérile. Ils étaient allés de pays en pays et de prophète en pasteur, sans succès. Elle était devenue la risée de tous, même de sa propre famille, qui la rejetait car elle n'était pas capable de les honorer en faisant des enfants. Malgré cela, elle restait reconnaissante, car ils avaient toujours eu de bons emplois, qui leur garantissait une certaine sécurité financière, sans compter leur amour qui était toujours aussi fort. La seconde année de leur séjour en Chine, elle est tombée gravement malade. Elle a perdu son emploi et est restée cloîtrée à l'hôpital pendant plus de deux ans. Au milieu de tout ça, son mari a été fidèle et dévoué, il l'a soutenue, il était présent malgré la pression de la famille qui lui demandait de l'abandonner. Puis vint un jour où elle demanda à son mari de faire venir une cousine à elle pour l'aider dans les tâches de la maison puisqu'elle n'était plus apte à les faire. Par la suite, sa maladie a empiré, et elle a donc dû repartir d'urgence en Europe pour recevoir de meilleurs soins et être auprès des siens. Deux ans plus tard, alors qu'elle s'était remise et avait décidé de repartir en Chine retrouver son mari, elle s'est rendu compte que pendant tout ce temps, il avait déjà mis enceinte cette dernière et vivait comme un couple avec elle.

« Il y a de ces douleurs qui n'ont pas de cris ni de larmes. »
Naomie Coaching

Elle est tombée alors sur sa face et a imploré le ciel de l'aider, car elle ne pensait pas se relever de cette détresse. Étant mariée au religieux, elle ne voulait pas divorcer mais son mari était déjà bien avancé avec l'autre femme, qui était déjà enceinte du deuxième enfant ! Alors qu'elle essayait de convaincre son mari qu'elle pouvait simplement adopter les enfants et revivre avec lui comme avant, il lui a dit qu'il l'aimera toujours, mais qu'il préférait tourner la page, car il avait enfin décidé d'essayer d'être heureux en refaisant sa vie. Il l'a également assurée qu'il ne reviendrait pas sur sa décision. Elle m'a dit que cela avait été un gros choc pour elle et qu'elle pensait même qu'elle n'y survivrait pas. Elle a réalisé que l'argent, le pouvoir et même l'amour ne suffiraient pas à atteindre le bonheur. Il avait pourtant tout pour être heureux, mais en réalité, il ne vivait pas la même vérité. Pour elle, le bonheur c'était d'être avec l'homme qu'elle aime et de vivre dans un certain confort et une stabilité financière. Pour lui, c'était aussi tout cela, mais cela incluait impérativement le rôle de père, donc d'avoir des enfants. Son mari a fini par l'abandonner et elle s'est retrouvée seule. Seule face à elle-même, il ne lui restait que deux choix, mourir de chagrin ou survivre et avancer pour elle-même.

« À qui la faute, ou plutôt à qui de droit ? Qui mérite le bonheur plus que l'autre ? À tort ou à raison, nous sommes tous à la recherche du bonheur, alors pourquoi se faire juge ou coupable pour une quête commune ? »

Naomie Coaching

Elle trouva refuge dans la prière, elle fut restaurée et complètement guérie, elle reprit enfin le travail, retrouva la joie de vivre peu à peu. Elle a fini par trouver un homme bien et, sur le point de se marier, elle a repris goût à la vie après toute cette souffrance. En la regardant, mon visage était meurtri, car je n'arrivais pas à croire qu'elle ait pu survivre à un tel tourment, elle pourtant si belle, toujours très coquette et faisant rêver les gens du quartier quand elle passait. Navrée pour le drame qui lui était arrivé, je lui ai demandé : « Mais qu'est-ce qui vous a donné la force de vous relever ? »

« La vie est un choix et le bonheur une décision. »
Naomie Coaching

Elle m'a dit : « J'ai broyé du noir pendant un an car je pensais que la malchance me suivait partout, je voulais en finir avec ma vie, car je pensais ne plus mériter le bonheur. Oui j'ai pensé au pire si c'est ce que tu veux savoir". Par la suite, elle m'a avoué avoir trouvé la force en elle-même, quand elle s'est demandé ce qui ferait réellement son bonheur, puisque le bonheur qu'elle croyait connaître ne l'avait pas rendue heureuse. Elle m'a dit : « Un jour j'ai décidé de choisir la vie et d'être une meilleure personne. Cette femme qui s'aimerait elle-même en premier et qui méritait d'être heureuse et épanouie tout simplement. » Et là, je me rappelle que ça a marqué le grand saut pour moi. J'étais dans une phase critique d'une relation qui battait de l'aile et me causait beaucoup de peine.

« Le bonheur ne tient qu'à une seule information, qui peut changer radicalement votre perception du bonheur et le court de ton existence par la même occasion. »

Naomie Coaching

Sans le savoir, ce qu'elle m'avait dit ce jour-là m'avait suivie et donné la force de vouloir le meilleur pour ma propre vie. Je suis allée chez mon ex de l'époque, j'ai récupéré toutes mes affaires et le lendemain, je suis partie pour de bon, sans explications sans plus jamais me retourner. J'ai tout changé : numéro de téléphone, habitudes et même certaines de mes fréquentations. Je n'étais plus la même personne et après cela, ma vie à décollé et j'ai fait de meilleures rencontres. J'ai commencé à avoir du succès dans tout ce que j'entreprenais. Par la suite, je m'étais fait cette promesse de toujours chercher le meilleur pour moi avant tout et j'ai gardé cette leçon de toujours aller chercher en moi cette force quand arriverait l'adversité.

« Le bonheur à deux ne peut se vivre qu'en expérimentant le bonheur pour soi en premier. »

Naomie Coaching

Cette femme m'a transmis une expérience que j'ai su transformer en solution et sans le savoir, elle m'a aidée à surmonter une épreuve des plus difficiles à cette époque, celle de me choisir en premier. Dernièrement, lorsque j'en ai encore eu besoin, j'ai utilisé cette même expérience pour me relever et surmonter une fois de plus la grosse vague que j'ai cru fatale. Tout cela pour dire qu'une information, une seule, peut changer une vie. Celle que j'ai saisi ce jour-là, je l'ai gardée, je l'ai laissée pousser en moi et l'ai travaillée au fil des ans, au point d'en faire un style de vie, car tout était désormais clair pour moi, la vie est un choix et le bonheur une décision.

Définition et raison d'être de la meilleure version de soi-même.

Être la meilleure version de vous-même, c'est un nouveau style de vie, un état de conscience de soi qui vous demande tout simplement de libérer le papillon qui sommeille en vous. Être la meilleure version de soi-même, c'est un processus et un plan d'action que j'ai reçu par révélation et que j'ai eu à cœur de partager avec vous, afin que vous puissiez vivre pleinement votre vie et votre mission sur terre.

« Être la meilleure version de soi-même c'est pratiquer la science du bonheur. »
Naomie Coaching

C'est surtout un processus de ce que j'appelle, pratiquer la science du bonheur, qui vous outille pleinement afin que vous atteigniez votre royaume des cieux. Et parce que le bonheur est propre à chaque personne, cette formule a été créée sur mesure pour vous aider à transformer votre foi et atteindre l'état d'initié et d'illuminé qui vous revient de droit. Je crois fermement au bonheur pour tous, car cela n'est défini par personne d'autre que soi-même. Ce libre arbitre qui est pour moi notre plus grand cadeau du ciel nous donne le choix à chaque étape de notre vie de rentrer en hibernation et de se transformer en papillon afin de mieux vivre sa mission sur terre. Dans cette première partie, il s'agira d'établir des vérités concrètes et palpables pour vous aider à vous retrouver et rentrer dans votre conscience ultime de vous-même, et de garder en tête les bonnes questions qui vous gardent positif et fixé vers votre but ultime.

La raison d'être du concept : soyez la meilleure version de vous-même

La première étape pour atteindre le bonheur est donc de réaliser qu'il y a un papillon qui sommeille en nous. C'est là que réside même toute la raison d'être de cette partie, aider les gens au travers de questions et réponses introspectives à réaliser qu'il y a mieux que ce qu'ils voient d'eux-mêmes, et que cette meilleure version leur est aussi destiné. Dans notre état actuel de larve, il nous faut comprendre qu'il y a mieux et plus qui nous attend devant. Cette étape vous permet donc de travailler sur vous-mêmes et de sortir de votre zone de confort pour comprendre qu'il y a mieux qui vous attend derrière votre peur et vous montrer comment atteindre l'étape de transformation, la chrysalide.

« Les mots avaient mûri en elle comme des chrysalides prêtes à livrer leur trésor. Les yeux dans les yeux de son amie, Bougna libéra les papillons qui battent déjà des ailes dans la bouche. »

Fatou Diome

Nous allons nous poser des questions qui suscitent des mots et qui vont mûrir en vous, afin de déclencher en vous l'éveil de votre papillon. Tous ses mots sont des vérités, des réponses qui vous permettent de voir que vous êtes plus que ce que vous voulez voir et vous montrer comment atteindre ce plan ultime de transformation. Même si vous n'avez pas d'idée claire, allez quand même de l'avant comme tous ces immigrants qui vont à l'aventure et n'ont que pour seul espoir la foi que demain sera meilleur. Il nous faut donc aspirer à une meilleure version de nous-mêmes, aspirer à quelque chose de plus grand et plus fort que soi. Aspirer à une meilleure vie.

Comment faire pour devenir la meilleure version de soi-même ? Être la meilleure version de soi-même est un état d'esprit et un processus qui se fait en trois volets :

Premièrement : L'introspection

L'un des éléments fondamentaux de toute transformation est l'introspection. Peu importe où vous voulez aller dans la vie, vous devez au préalable faire un plan de route pour pouvoir évoluer. La guérison de l'âme est l'arme la plus puissante pour effectuer un changement considérable et permet de repartir sur de nouvelles bases, plus saines et plus fraîches. Même si l'on a communément l'habitude de dire que cela prend toute une vie pour guérir, je fais néanmoins partie de ceux qui pensent que la guérison est un processus et tant qu'on ne l'aura pas enclenché, on peut attendre toute une vie sans voir la guérison s'accomplir. Pour qu'une guérison puisse se faire, et peu importe le temps que cela prendra pour être effectif, il faut au moins accepter de recevoir cette guérison et de lancer le processus de libération totale. Si on ne pointe pas du doigt les problèmes que l'on souhaite régler, on ne les résoudra pas juste avec l'idée de les voir se régler. La guérison est donc un processus qui doit être enclenché en acceptant de reconnaître le mal qui a été causé et de prendre la ferme résolution de lâcher prise et de résoudre si possible le problème ou la situation.

« La guérison de l'âme est l'arme la plus puissante pour effectuer un changement incomparable. »

Naomie Coaching

Nous allons passer ensemble des tests de plus de 100 questions pour essayer de comprendre ce que vous pensez et quelles sont les vérités conscientes ou inconscientes que vous avez établies. Ensuite, nous allons aller creuser et trouver dans vos peurs, vos besoins, et vos rêves ce que vous pensez de vous, ce que vous voulez et où vous allez dans la vie. Enfin, nous allons essayer de déterminer vos forces et faiblesses, vos dons, vos talents, et ce que vous en faites présentement dans votre vie. Ainsi, avant d'atteindre le point de non-retour, il est important de savoir qu'il y a toujours une possibilité de se rééquilibrer et de trouver un système de régulation de son être entier.

Deuxièmement : La collecte d'informations

La collecte d'informations vous aidera à savoir quelles sont les informations qui existent sur le sujet et le pouvoir de leurs applications dans votre vie. Réveillez le papillon qui dort en vous, c'est-à-dire posez-vous des questions essentielles afin de réaliser que vous êtes plus que ce que vous pouvez voir. Dans la formation que je propose à la fin de cet ouvrage, il y a des questionnaires en ligne et des tests qui nous permettent de recueillir l'ensemble des informations nécessaires afin de cerner où vous en êtes dans votre vie et comment vous percevez la vie. Nous allons ensuite travailler ensemble sur des pistes de solutions, afin que vous fassiez des choix éclairés pour votre vie.

« Ce sont les informations et les vérités qu'on prend pour acquises qui définissent qui on est. »

Naomie Coaching

Il y a donc ce que Dieu dit de quelque chose ou de vous, et sa volonté par rapport à l'application de cette chose. Cela peut être des concepts philosophiques, issus des livres saints religieux, d'expériences spirituelles ou tout simplement de votre rapport originel à la nature, cet écosystème (vie) qui vous communique toujours la volonté agréable et parfaite de Dieu pour nous. Par exemple, concernant le mariage, que c'est une institution honorable qui lui appartient et que lorsque Lui le bâtit et en est le socle, personne ne peut le détruire. Il y a ce que les autres disent, pensent, expriment et interprètent négativement ou positivement d'un sujet quelconque, et cela détermine les valeurs qu'ils appliquent à leur vie. Même si nous savons tous qu'il ne faut pas juste écouter ce que les gens disent mais surtout regarder à ce qu'ils font, nous sommes tout de même influencés par les valeurs de ceux-ci. Ainsi, chercher toujours le positif chez les autres est ce qui sera bénéfique pour vous, car au final, tout n'est qu'interprétation propre ou commune de la vie et de la société. Encore comme exemple, concernant le mariage, c'est au couple et à eux seuls que revient le devoir de définir ce qu'ils comprennent du mariage et d'établir des lois et des valeurs qui régissent leur union.

« Rappelez-vous que vous êtes esclave de vos valeurs car elles représentent votre vérité intrinsèque. »

Naomie Coaching

En enfin, il y a ce dont vous-même avez réellement besoin, ce que vous désirez profondément, ce que vous aspirez à atteindre comme idéal. Ainsi, vous allez constamment interpréter négativement ou positivement chaque élément de votre vie en fonction de ce bonheur-là. En revanche, je vous suggère de rechercher sans cesse le positif en toute chose, ainsi il est très important de toujours choisir ce qui est bon pour vous. Encore une fois, si nous prenons l'exemple du mariage, vous devez savoir faire la différence entre ce que vous voulez (désir) et ce qui est réellement bon pour vous (besoin), afin de faire un choix éclairé sur le sujet.

Troisièmement : L'établissement de vérité pour sa vie

La dernière étape et non la moindre, c'est de faire des choix éclairés et d'établir ces informations clés et positives comme des vérités absolues pour votre vie. Il s'agit de faire une synthèse de ce vous possédez comme informations externes (Dieu, l'environnement, les autres) et vos besoins et désirs internes (vous-même) pour établir vos valeurs et vérités indélébiles et faire des choix en concordance avec vos principes à ce sujet. Il faut vivre en ayant une vérité pour chaque domaine de sa vie, une vérité pour contrer chaque peur, et pour vous relever de chaque échec. Bâtissez-vous un rocher de vérité inébranlable ? Le mien, ce sont les promesses de Dieu pour ma vie, alors de grâce, cherchez des vérités pour votre vie, car la vérité est la seule chose qui est au-dessus de la réalité et la seule chose qui peut vous transformer réellement.

« La vérité est au-dessus de la réalité. »

Naomie Coaching

En somme, la meilleure version de soi-même est la meilleure vérité absolue pour vous dans chaque domaine de votre vie. Ce qui va toujours vous demander de choisir le meilleur dans chaque chose et chaque situation. Le meilleur, c'est la vérité ultime. Est-ce que vous pensez qu'il y a un meilleur possible pour chaque chose et situation de la vie ? Moi oui, alors trouvez-le et établissez-le dans votre vie dès maintenant. Les ailes des papillons sont les dons spirituels que vous développez en vous transformant spirituellement. Vous passez d'une dimension terrestre à une autre réalité de dimension spatiale, qui avant la transformation n'était qu'un rêve, une réalité. En fait, pour être la meilleure version de vous-même, il faut être capable de renouveler vos pensées afin de donner le meilleur de vous en toute circonstance. J'ai canalisé cette analyse de soi en un test qui est une forme de préparation à la grande transformation (chrysalide), qui est le résumé des réponses à des questions existentielles que l'être humain se pose le plus et qui, une fois les réponses assimilées et comprises, lui permettront de maximiser son potentiel et d'atteindre sa première mission de vie, se transformer et se régénérer constamment pour évoluer.

7

Les Fruits du Moi intérieur qui mènent à la Meilleure version de Vous-même

Il existe plusieurs fruits de l'esprit, qui peuvent aider l'être humain à lâcher prise et en l'occurrence, atteindre l'ultime version de lui-même. La Bible nous parle de la charité, la joie, la paix, la patience, la bonté, la bénignité, la fidélité, la douceur, la tempérance. Ce sont des vertus qui rendent vraiment l'être humain meilleur et je vous les recommande vivement.

« Tout part de soi et provient de soi, si on s'ajuste de l'intérieur, l'extérieur n'en sera que meilleur. »

Naomie Coaching

Pour ma part, j'ai dû travailler à développer les fruits de mon moi intérieur, au travers de principes clés, qui me permettaient de mettre en application les fruits de l'esprit et ainsi d'atteindre la meilleure version de moi-même. J'ai donc établi dix vertus à appliquer au quotidien, pour pouvoir vivre ces fruits de l'esprit en soi.

• L'acceptation de soi

Pour pouvoir évoluer et faire changer les choses, il faut en premier lieu les accepter. L'acceptation de soi est le moteur du bonheur car c'est ce qui te donne la paix. Quand vous acceptez, vous choisissez la paix et demeurez dans la paix, car c'est votre choix, encore faudrait-il que vous l'assumiez pleinement. Sans acceptation, on ne peut réellement parler de lâcher prise. L'acceptation de soi est la mère de toutes les autres vertus de l'esprit car sans votre accord, conscient ou inconscient, rien ne peut se faire en vous. Par exemple, pour profiter de la vie, vous devez accepter la vie et être en vie ici sur la terre. Car être la meilleure version de vous-même revient aussi à dire : accepter d'être en vie et donner le meilleur de soi. La première des choses à faire, peu importe l'étape à laquelle vous êtes rendu dans votre vie, c'est d'accepter d'être ici et là, présent sur cette planète et de faire partie de ce grand tout qui se matérialise au travers de la vie. Cela vous permettra d'accepter la vie telle qu'elle est et de développer une connexion avec elle ;

« La vie est une grâce en elle-même qui mérite à sa juste valeur d'être honorée. »

Naomie Coaching

La deuxième des choses que je veux que vous reteniez est que la vie n'est pas une question de chance ou de hasard, mais une équation parfaite de possibilités où vous avez un rôle à jouer peu importe l'angle dans lequel vous vous situer. La vie est une grâce en elle-même qui mérite à sa juste valeur d'être honorée par votre consentement à prendre votre place dans la gigantesque toile de l'univers. La vie a besoin de votre approbation constante. Vous devez lui démontrer que vous l'acceptez et lui montrer votre joie à vivre ici sur terre, en toute conscience. Manifestez en permanence votre reconnaissance à Dieu pour ce don qu'est la vie et vous verrez que de bonnes choses vous arriveront sans réel effort, car vous profitez de l'instant présent, du ici et maintenant. Elle est le don le plus estimable qui vous a été donné par la grande hiérarchie céleste, Dieu, pour pouvoir vivre des expériences inimaginables qui vous feront grandir en sagesse et en majesté. Ainsi ne perdez plus une seule minute de ce précieux temps qui vous est donné ici-bas, à vous préoccuper pour tout ce que vous n'êtes pas ou n'avez pas. De grâce profitez de la vie, de ce beau cadeau que vous avez entre vos mains et qui n'attend juste que vous puissiez vous révéler à vous-même et vous révéler à elle pour briller de mille feux.

« La vie mérite d'être vécue, que l'on soit à l'état chenille ou rendue à l'état papillon. »

Naomie Coaching

La vie est vraiment belle et je veux passer le restant de ma vie à rappeler aux gens que ce n'est pas juste une phrase commerciale, mais que vous avez été doté de tous les dons nécessaires pour réussir et vous accomplir pleinement dans cette vie. La vie est une expérience en elle-même, ce qui rend parfois sa définition difficile à cerner. Ce n'est pas évident en effet, de dissocier le sens (raison) et le but (mission) de sa présence sur cette terre. Dans tous les cas, que ce soit une fable ou une réalité, ce n'est pas moins un mensonge de dire qu'il faudrait plusieurs vies pour comprendre la vie puisqu'on a déjà du mal à comprendre une journée de 24 heures.

Vérité : Vous êtes bel et bien en vie sur cette planète et avez le devoir d'être conscient et reconnaissant de ce cadeau qu'est la vie, peu importe les circonstances externes actuelles.

Question : Comment je peux faire pour utiliser ce cadeau qu'est ma vie et le faire concourir au bien de mon entourage et à moi-même ?

Recommandation : Arrêtez tout ce que vous êtes en train de faire maintenant et sortez marcher 5 minutes. Trouvez-vous un endroit seul et calme et asseyez-vous quelques 5 minutes, juste le temps d'observer la nature et sa beauté en écoutant une musique calme. Type de musique : symphonie ou fond sonore de méditation.

- **Le respect de soi**

Le respect est une vertu très puissante. Respecter c'est faire preuve de douceur envers soi et envers l'autre. Vous vous permettez d'avoir un regard bienveillant envers vous-même, sans jugement, ni obligation, mais de profonde compassion pour son être. Quand on respecte, on patiente, afin que l'autre entre dans sa vérité, et que nous arrivions à la conscience de tout ce qu'il nous fait. Le respect c'est le lâcher prise qui permet, que vous arriviez à la meilleure version de vous-même. Par exemple, en ce qui concerne la vie, il faut avoir beaucoup de respect pour elle, pour arriver à en profiter. Passer son temps dans le déni ne sert donc à rien puisqu'on finit un jour ou l'autre par se demander: Mais qu'est-ce que je fais ici sur terre, et pourquoi ? Et nous finissons tous par nous poser des questions existentielles sur la vie et sur notre mission de vie. Donc le plus important est de bâtir nos fondations sur des vérités temporelles et inébranlables.

« La vie est vivante. »
Naomie Coaching

J'ai donc compris une très grande leçon de vie, qui est que même si on ne comprend pas tout à fait quelque chose, réfuter l'existence de cette chose en elle-même nous disqualifie déjà dans notre à vouloir la conquérir. Beaucoup de gens veulent réussir dans la vie sans être au préalable en connexion avec elle. La vie est «vivante» au même titre que vous et pour établir une connexion avec elle, il faut l'accepter puis la respecter tout simplement. Même si vous ne comprenez pas ce qu'est la vie, sachez au moins que vous êtes là, ici et en vie dans un monde palpable et ça, ça se respecte! Il faut donc rester positif en toute chose car la vie en elle-même est positive. Peu importe ce que vous traversez, et il est toujours important de se poser les bonnes questions, de faire une analyse et surtout d'aller de l'avant.

Vérité : La vie est vivante et il faut établir une connexion avec elle pour réussir dans la vie. La vie a besoin de ton approbation constante, que tu l'acceptes et désires vivre ici sur terre.

Question : Comment je peux faire pour établir au quotidien une relation avec la vie ?

Recommandation : 1) Établir un mantra, des phrases positives sur la vie et votre présence sur terre. 2) Lire Une vie, motivée par l'essentiel, de Rick Warren. Faites un résumé de ce que vous avez compris de la vie.

• La conscience de soi

La conscience de soi c'est ce qui nous permet de reconnaître la valeur des choses qui nous entourent, de reconnaître qui on est et surtout de voir de manière détachée, l'importance de tout ce qui est. Quand on est conscient de soi et de sa valeur en tant qu'être humain, alors on peut le reconnaître aussi pour les autres et en toute chose. Les animistes ont d'ailleurs cette conscience de soi, qui leur permet de reconnaître la vie dans chaque chose qui les entoure. Peu importe ce que l'on vit où croît de la vie, il est important de comprendre que la vie a des règles et des codes et que pour s'en sortir la première des choses est d'être conscient et reconnaissant de cette richesse qu'est la vie.

« C'est tout ce dont on est conscient, qui crée notre réalité présente. »

Naomie Coaching

Il y a ainsi des faits indélébiles qui prouvent que même un enfant sera premièrement conscient de son environnement immédiat avant d'être conscient de son identité. Donc la vie est précieuse et il faut en être conscient. Nul ne sait d'où on vient et où on va, il existe tellement de versions contradictoires sur le marché, qu'on pourrait facilement s'y perdre. La vie peut être perçue de plusieurs manières, selon l'angle dans lequel on se place, notre environnement et le temps dans lequel on est conscient de vivre. La vie peut être belle, géniale et fabuleuse à nos yeux quand on a du succès, mais très rares sont ceux qui sont reconnaissants du cadeau de leur vie quand tout va mal.

« La vie, c'est comme une bicyclette, il faut avancer pour ne pas perdre l'équilibre. »

Albert Einstein

Les religieux, et les scientifiques continuent de laisser libre cours à leur grand débat sur la conception du monde et du concept de la vie en elle-même. Mais peu importe la croyance, il est primordial de se rappeler que c'est ce en quoi nous croyons qui crée notre réalité présente.

Vérité : Ce en quoi vous croyez détermine votre réalité présente.

Question : Qu'est-ce vous croyez de la vie, et pourquoi ? Est-ce que ce que vous croyez concourt à votre avantage et votre bien-être ?

Recommandation : Prenez un bloc-notes et faite une liste exhaustive des pours et des contres de ce en quoi vous croyez. Enfin, choisissez dès maintenant de ne croire qu'en ce qui contribue à votre bonheur, à votre bien être. Le reste, sortez-le de votre vie à tout jamais.

- ### L'amour de soi

L'amour ne se dit pas, il se vit. Partant de ce fait, je définirais l'amour comme un sentiment de joie profond qui vous anime et vous procure du bonheur. On ne saurait parler de bonheur sans amour. L'amour est le moteur de la vie et la raison d'être même de notre présence sur terre. S'aimer soi-même n'est donc pas une option, mais une fin en soi. Vous avez une nature divine qui fait de vous une créature divine et une entité à part entière. Vous êtes un être merveilleux, doté d'une grande intelligence, d'une grande sagesse et de très grands pouvoirs. Vous êtes un enfant de Dieu et avez été créé à son image. Vous êtes son œuvre, mais surtout la prunelle ses yeux. Vous êtes donc divin et capable de créer la vie et de transmettre la vie. Vous êtes le sel qui donne de la saveur à la vie et à la création divine.

« Vous êtes le sel de la terre et la lumière du monde. Une ville située sur une montagne ne peut être cachée. »

Matthieu 5:14

Vous êtes le sel de la terre et la lumière du monde. Le sel donne de la saveur aux aliments et la lumière éclaire les espaces. Toutes ces vertus sont des richesses inestimables et font de vous un être unique et indispensable sur le plan divin. Si vous prêtez un tant soit peu attention à tout ce que vous possédez comme richesse abstraite et palpable, vous comprendrez que vous possédez déjà tout ce qu'il te faut, pour réussir dans cette vie. Vous êtes plus qu'un homme et une femme, vous êtes la fusion parfaite des deux genres humains et bien plus encore. Si jamais vous pouviez seulement voir le reflet de votre âme, vous verriez que vous faites partie de cette énergie divine qui rayonne et vibre chaque saison et à chaque lever du soleil.

« Vos yeux s'ouvriront et vous serez comme des dieux, possédant la connaissance de ce qui est bon ou mauvais. »

Genèse 3 : 5

Vous l'avez donc compris, vous n'êtes pas le fruit du hasard, du Big Bang, ou juste le fruit des relations sexuelles de vos géniteurs. Vous êtes un dieu ou une déesse en formation sur terre, à la recherche d'informations vitales à votre initiation et ceci dans le but ultime de régner sur toute la création et dans tous les royaumes. Alors tel un papillon, sortez de votre coquille et brillez de mille feux. Laissez le monde découvrir toutes les facettes de la beauté de vos ailes et les splendeurs de ses couleurs. Levez-vous et volez encore plus haut, encore plus loin, aussi élevé que vous le pourrez et resplendissez à tout jamais. Ne l'oubliez plus, vous êtes merveilleux.

Ce poème est l'expression la plus profonde de l'amour que je vous porte. Quand je pense à la grandeur de votre être divin, plus rien n'a d'égal qu'un sourire, un regard, mais surtout un simple geste d'amour envers vous-même.

Vérité : Vous êtes le sel de la terre et la lumière du monde.

Question : Comment je peux faire pour m'aimer davantage ?

Recommandation : Pratiquez des exercices simples, comme prendre l'habitude de vous regarder dans un miroir, en vous souriant et en proclamant des choses positives sur vous-même. Vous prendre en photo et vous regardez, ou simplement le mettre sur votre profil social, en décrivant la merveilleuse créature que vous êtes. Écoutez la chanson "Je sais qui je suis" de Sinach.

- **La compassion de soi**

La compassion est une vertu qui vous procure de la bonté. Être compatissant c'est être bienveillant envers soi-même, sans chercher à se comparer aux autres ou à se mesurer aux choses, car l'être compatissant recherche la vie et le bonheur en toute chose. La compassion développe en vous un sentiment d'empathie et de profonde sympathie pour votre être. La compassion pour soi c'est la sensibilité à son univers interne, pour tout ce qu'on est, ce qu'on n'est pas, ce qu'on a et ce qu'on espère posséder. La compassion vous ramène au sens originel de votre âme et éveille en vous un sentiment de profonde reconnaissance pour ce que vous êtes. La compassion vous rappelle votre identité divine. Vous êtes l'être le plus glorieux et parfait de la création divine. Vous représentez une graine divine, et telle une séance plantée dans une bonne terre, vous portez en vous une multitude de vie, de possibilité et de création immense qui se manifeste au travers de votre existence même. Vous êtes un être multidimensionnel, qui possède à la fois, l'entité corporelle (corps), l'entité émotionnelle (âme) et l'entité spirituelle (l'esprit) et bien plus encore. Vous êtes-vous et personne ne peut l'être mieux que vous-même.

« Nul ne peut être vous mieux que vous-même, et vous n'avez qu'une seule grande mission ici-bas, c'est d'accepter d'être vous-même. »

Naomie Coaching

Vous représentez une entité divine à part entière, en incarnation dans un corps humain pour parfaire son évolution divine; et au travers de ce passage précis sur terre, vous jouez un rôle parfait dans l'orchestre divin de Dieu. Alors, rappelez-vous toujours que nul ne peut être vous mieux que vous-même, et vous n'avez qu'une seule grande mission ici-bas, c'est d'accepter d'être vous-même et de prendre la place qui vous revient dans cette création. Vous portez en vous de la joie, de la paix, et de l'amour en abondance. Vous êtes un être magnifique à tous points de vue, et tellement précieux à la Création. Vous êtes indispensable et utile, car vous avez déjà votre place dans la grande création parfaite de Dieu. Si seulement vous pouviez vous voir de l'intérieur, vous verriez l'immensité de la beauté qui vous anime et surtout la grandeur de la créature divine que vous êtes réellement.

Vérité : Rappelez-vous toujours que nul ne peut être vous mieux que vous-même, et vous n'avez qu'une seule grande mission ici-bas, c'est d'accepter d'être vous-même et de prendre la place qui vous revient dans cette création.

Question : Comment je peux faire pour être moi-même au quotidien ? Mais qui suis-je réellement et pourquoi je suis ce que je suis ?

Recommandation : Allez chercher au plus profond de vous-même pour découvrir qui vous êtes réellement. Passez du temps avec vous-même et apprenez à vous pardonner pour ce que vous n'êtes pas encore. Prenez la décision de travailler sur toutes les choses que vous voulez améliorer ou adopter comme valeurs dans votre vie. Voyagez le plus possible.

- **Le pardon de soi**

Le pardon est une vertu qui procure en vous de la tempérance et qui vous aide donc à être meilleur. Se pardonner, c'est guérir. Se pardonner, c'est exprimer de l'amour envers soi-même. Se pardonner, c'est se donner une chance. Se pardonner, c'est créer une nouvelle possibilité. Se pardonner c'est se dire oui. Se pardonner, c'est s'armer, mais aussi se désarmer. Se pardonner, c'est s'humilier devant son ego et prendre de la hauteur devant l'immensité de son pouvoir sur nous. Se pardonner, c'est se rendre sage, se rendre fort, se rendre justice. Plus que tout, se pardonner, c'est s'abandonner aux autres, à Dieu, à son réel soi intérieur.

« Le pardon est comme l'eau, on a donc besoin d'en boire pour être abreuvé et survivre. »

Naomie Coaching

Le pardon de soi peut être difficile à percevoir quand on n'a pas de problème concret ou de grandes blessures de l'âme. Pourtant on a tous besoin de se pardonner au moins une fois dans sa vie, ou chaque fois qu'on en a besoin. Le pardon est comme l'eau de notre corps, il représente plus de 60 % du corps humain, c'est un des prérequis de l'amour sincère de soi et des autres. On a donc besoin d'en boire pour être abreuvé et survivre. Si vous avez déjà ressenti de la honte, de la culpabilité, de l'échec ou tout simplement de la jalousie à un seul moment de votre vie alors vous avez besoin du pardon de soi. Ce sont des émotions complexes et centrées sur la relation à soi-même.

Vérité : Le pardon guérit.

Question : Qu'est-ce que vous besoin de vous pardonner et de pardonner aux autres?

Recommandation : Regardez "La voix du pardon", de Andrew Erwin et Jon Erwin, ou lire "Radical Forgiveness" de Colin Tipping. Listez par la suite l'ensemble des vérités que vous avez compris du pardon.

- **La connaissance de soi**

La connaissance nous ramène toujours à l'essentiel, à ce qui est bon, à ce qui est juste, à ce qui est au-delà des apparences. La connaissance de soi vous ramène à votre essence propre, à qui vous êtes réellement. Vous êtes à la fois votre moi (intérieur) et votre soi (intérieur). Vous êtes aussi votre ego, votre caractère, votre personnalité, mais aussi votre corps, votre âme et votre esprit. Vous avez en vous une multitude de facettes, mais qui déterminent dans l'ensemble votre vous et forme votre cosmos interne. Vous êtes aussi votre univers externe, c'est-à-dire votre société, votre famille, qui détermine dans l'ensemble votre on [collectif] et votre nous [collectif] et forme votre cosmos externe. Tous ces mélanges de cosmos constituent votre identité globale et déterminent ce en quoi vous croyez (vos valeurs). Vous n'êtes donc pas juste un être humain (animal), vous êtes un cosmos vivant.

« Être, c'est prendre conscience de votre cosmos global. »
Naomie Coaching

Être c'est entrer en conscience de votre cosmos globale. Être soi-même, c'est entrer dans l'acceptation du soi intérieur et du on extérieur, mais aussi dans la conscience du vous individuel et du nous collectif. Être c'est connaître votre identité universelle, votre valeur intrinsèque, mais aussi reconnaître vos forces et vos faiblesses. Être soi-même c'est être en phase avec le visible et l'invisible qui réside en nous et autour de nous.

Vérité : Être soi-même, c'est entrer dans l'acceptation du soi intérieur et du on extérieur, mais aussi la conscience du vous individuel et du nous collectif.

Question : Comment je peux faire pour exprimer davantage qui je suis dans chaque domaine de ma vie ? Je dois me poser les bonnes questions. Par exemple :

Qui suis-je ? En quoi est-ce que je crois et pourquoi ? Comment reconnaître mon égo, mon moi, mon soi, mon nous, mon on ?

Recommandation : Faire un mantra pour rentrer dans l'acceptation et la conscience de votre cosmos global. Par exemple : "Je crois en l'amour, je crois en l'existence d'un Dieu, je crois en la famille, qui je suis, qui je pense être, qui sont les personnes qui m'influencent, quelles sont les blessures que j'ai vécues et comment je pourrais les guérir, tout ce que je crois que je suis, tout ce que je sais que je ne suis pas, tout ce que souhaite être."

- ## La maîtrise de soi

La maîtrise de soi est importante pour arriver à se contrôler. La maîtrise de soi vous aide à prendre de bonnes décisions, saines et éclairées pour votre vie au regard de la vérité et la réalité. La maîtrise de soi est la vertu qui vous donnera de l'assurance et de l'audace d'entreprendre de nouvelles choses. Pour être suffisamment équilibré, il faut miser sur les choses qui contribuent à votre bonheur et donc à votre paix. Il faut être capable de faire preuve de patience et de fidélité même dans les petites choses, pour que de plus grandes nous soient confiées. La solution de la maîtrise de soi est donc de vous donner une mission. Quand on décide de miser sur quelque chose, on s'engage complètement, on se donne pleinement, on est déterminé à voir la chose s'accomplir. Vous devez donc vous donner complètement à votre mission, en gardant la foi et l'espérance en son accomplissement. Ainsi, la maîtrise de soi vous viendra de l'espérance en l'accomplissement de votre mission.

« On n'obtient pas ce qu'on veut, on obtient ce qu'on croit. »

Oprah Winfrey

Beaucoup de gens abandonnent lorsque les choses deviennent difficiles, ils tombent alors dans la peur, l'angoisse, le stress ou la fatigue, parfois même dans la procrastination, alors ils baissent les bras et abandonnent. La maîtrise de soi devient difficile, car très souvent il n'y a plus la détermination et le zèle qui les animait au début de leur projet. L'espérance est la première des vertus qui doit qualifier un homme en mission, car le doute arrivera assurément lorsque les épreuves se succéderont. Il vous faudra alors une arme redoutable qui vous donnera la force d'avancer par conviction. Cette arme c'est votre maîtrise de soi, caractérisée par une conviction inébranlable, une détermination incontestable et un zèle fulgurant, qui vous garderont focalisé sur votre but.

« Ne reste pas au pouvoir qui veut, mais qui peut. »

Paul Biya

La maîtrise de soi s'obtient dans l'assurance en l'accomplissement de vos projets, et pour avoir cette assurance il faut la construire. Dans la vie vous n'obtiendrez que ce pourquoi vous êtes prêt à vous battre. Eh oui ! La maîtrise de soi se travaille, car le royaume des cieux appartient aux violents et justement, c'est uniquement dans ce contexte que la violence a toute sa place : nous donner le zèle et la détermination pour atteindre nos objectifs. C'était assez difficile pour moi de l'accepter en devenant adulte, étant donné que j'ai grandi dans un environnement où il fallait toujours faire profil bas, où la fin ne justifiait pas toujours les moyens. La compétition étant mal perçue dans ma culture chrétienne africaine, je n'ai donc pas eu d'enseignements à ce sujet. J'ai été dérobée à plusieurs reprises de bonnes opportunités de réussites, car je refusais de compétir. J'ai appris à mes risques et périls que l'injustice faisait très mal, surtout à la victime. J'ai donc dû me battre très dur pour atteindre mes objectifs en gardant mes valeurs.

« Il ne faut pas fuir la guerre, il faut plutôt guérir du mal de la guerre. »
Naomie Coaching

La plus grande leçon que j'en ai tiré est qu'il ne faut pas fuir la guerre, il faut guérir du mal de la guerre, se préparer et se tenir prêt pour le combat en toutes circonstances. Il n'y a pas plus grande arme que celle que vous maîtrisez, pas besoin de se battre avec les armes des autres, utilisez vos propres armes et battez-vous en donnant le meilleur de vous. Vous verrez que vous serez toujours victorieux sur vos ennemis, quel que ce soit le résultat final. Avoir un rêve ne suffit donc pas, il faut l'éprouver. Vouloir s'acheter un superbe bateau ne suffit pas pour atteindre votre objectif de parcourir le monde en bateau. Il faut éprouver votre rêve en vous posant les bonnes questions et en faisant une étude de faisabilité (étude SMART). Si vous ne prenez pas le temps de travailler à l'accomplissement de votre objectif, alors ce n'est qu'un rêve, pas une mission. Une mission ce n'est pas un rêve, une mission se définit et se calcule. Vous devez ainsi veiller jour et nuit à l'accomplissement de votre objectif, comme les dix vierges restaient éveillées après s'être préparées pour l'arrivée du roi.

Vérité : Ta mission te rapproche toujours de ta vérité ultime.

Question : J'aime me considérer comme une ambassadrice de la plus grande des forces, celle de l'amour de Dieu. Et vous de qui êtes-vous ambassadeur ? Quelle direction voulez-vous donner à votre vie ? Qui voulez-vous servir ?

Recommandation : Suivez l'histoire de Jésus, essayez de comprendre le mystère de sa mission sur terre, faites-en un résumé. Listez sur une feuille l'ensemble des vérités que vous avez comprises de la mission de vie.

• La valeur de soi

La valeur que l'on donne aux choses détermine la relation qu'on aura avec elles. Lorsqu'on se valorise soi-même, on s'élève et l'on développe un sentiment de bienveillance envers soi-même. Quand on se valorise, on se donne la permission de s'épanouir et de se développer en quelque chose de plus grand que soi. Par exemple, le concept de mission de vie donne du sens à notre vie puisqu'il contribue à donner de la valeur à tout ce qu'on est et à tout ce que nous donnons au monde. Prenons l'exemple du papillon et de la chenille. Le papillon n'a pas la même mission de vie que la chenille, pourtant c'est bien la même entité dont il est question ici. L'un doit atteindre l'état papillon, et l'autre doit se reproduire à tout prix avant de s'en aller.

« Personne ne peut nous sauver, à part nous-mêmes. Personne ne le fera pour nous. Nous devons nous-mêmes marcher dans notre propre voie. »

Bouddha

Pour qu'une chenille soit pleinement épanouie, elle doit avoir pour mission sa transformation en papillon; ses objectifs fixés et son plan d'action sont alors totalement différents de celle du papillon. Elle se doit de bien manger pour être en forme, de passer les étapes d'hibernation dans un cocon et de parfaire sa cristallisation afin de devenir un papillon. Le papillon en revanche a pour objectif et plan d'action de voler de fleur en fleur afin de récolter le nectar et contribuer à l'écosystème de la nature, mais surtout de savoir jouer au jeu de l'amour et d'être prêt à s'accoupler, afin de se reproduire avant de mourir. C'est la même entité, mais chacun à sa voie, ainsi chaque personne devrait prendre sa vie en main et suive sa propre voie. Arrêtez d'attendre que quelqu'un donne de la valeur à votre vie, vous en êtes capable par vous-même, juste en vous donnant une mission. Même le papillon ne peut aider la chenille, elle est seule face à son destin. Dieu lui a déjà tout donné, alors elle observe la création et décide de suivre sa mission à son tour, tout simplement. Alors osez et créez-vous des objectifs et vous serez surpris des résultats.

« Il n'y a pas une mission de vie, il y a des buts de vie et des directions de vie, dont les chemins sont en eux-mêmes la mission. »
Naomie Coaching

Certaines personnes sont encore au stade de chenille, mais veulent avoir des missions de vie de papillon. L'état de chenille étant déjà une mission en elle-même, ils veulent passer à l'étape supérieure sans même avoir payé le prix pour l'atteindre. Au lieu de chercher à devenir papillon en passant par les étapes de transformation requise, qui est la meilleure version de celui-ci pour atteindre son ultime mission de vie, ils veulent atteindre le niveau de papillon sans avoir à passer par la cristallisation.

« Cherchez en premier le royaume des cieux et tout le reste vous sera donné par-dessus. »

Matthieu 6:33

Sachez une chose, si vous ne savez pas encore quelle direction prendre dans votre vie, alors arrêtez d'avancer dans le vide maintenant et prenez le temps de chercher ce qui vous donne la force de vouloir continuer. Établissez-vous des buts à atteindre et avancez en établissant des objectifs clairs pour les atteindre. Focalisez-vous d'abord sur votre développement personnel, l'épreuve ultime, augmentez vos standards et vous verrez que tout rentrera en place petit à petit. Telle une chenille, cherchez d'abord à manger pour être prêt pour la cristallisation, cherchez en premier votre nourriture, votre pain quotidien.

Vérité : Une mission sans but est semblable à un mot sans définition.

Question : Quel est ton royaume des cieux ? Ta mission de chenille ? Quelle est la raison (le pourquoi) de tes buts ?

Recommandation : Lire l'Alchimiste de Paulo Coelho. Faites un résumé et dressez une liste de vérités que vous avez compris.

• La suffisance de soi

La suffisance de soi fait référence à la satisfaction de soi, ce sentiment de joie immense qui vous donne la tranquillité d'esprit et vous apprend la tempérance. Pour être suffisant, il faut être satisfait, or la satisfaction étant elle aussi relative, il faudrait en réalité entrer dans la vision du but que l'on souhaite atteindre. Pour être suffisant et donc meilleur, il faudrait avoir une vision claire de votre bonheur. La vision est ce qui donnera du sens et une raison d'exister à votre vie. Elle se manifeste par la capacité d'un être à décider de lui-même, à faire des choix qui concourent à son bien et à s'engager pleinement dans cette voie en établissant des objectifs clairs et précis pour l'atteinte de ses buts. Ainsi, prendre la décision de suivre son but ultime peu importe l'obstacle qu'on rencontre est vraiment une grandeur d'esprit à féliciter. Décider, c'est s'engager, et tant que vous resterez focalisé sur votre mission et non vos obstacles, vous verrez que vous réaliserez de grandes choses en très peu de temps.

« La plus grande découverte de tous les temps, c'est qu'une personne peut changer son avenir rien qu'en changeant son attitude. »

Oprah Winfrey

Votre vision est soutenue par votre attitude et engagement face à votre but. Même s'il est vrai que l'énergie abonde où il y a fertilité, il est important de préciser que tout réside dans votre attitude. Eh oui, votre attitude déterminera votre altitude, et plus haut vous voulez aller, plus fort doit être votre engagement et attitude face à votre objectif. Pour que le papillon arrive à cette étape de conscience, cela prend que la chenille accepte de vivre et d'évoluer jusqu'à ce que le temps de mutation commence et qu'il atteigne enfin son état ultime. Il y a donc cette vision claire de l'objectif à atteindre, que la chenille garde à l'esprit jusqu'à ce que sa transformation soit complète.

Vérité : Votre vision est soutenue par votre attitude et votre engagement face à votre but.

Question : Quelle est votre attitude face à votre situation actuelle et face à vos objectifs de vie ?

Recommandation : Pour chaque objectif que vous voulez atteindre, déterminez une attitude à avoir en cherchant sur internet l'attitude de quelqu'un qui a obtenu ce que vous voulez obtenir; inspirez-vous en pour rester focaliser sur votre but. Dressez une liste de qualités que vous voulez acquérir.

À la fin de cette première partie du MBA du bonheur, vous avez reçu une analyse claire et détaillée de tous les aspects qui vous empêchent d'être la meilleure version de vous-même, soit en vous rendant victime d'une vie qui vous détruit et vous opprime, soit en vous rendant coupable de vouloir vivre pleinement cette grâce qu'est la vie en abondance. La décision vous revient : vous pouvez arrêter le processus dès maintenant et laisser toutes ces informations s'envoler ou vous pouvez prendre la décision d'oser croire en un meilleur lendemain et de faire tout le nécessaire pour vivre cette vie de bonheur dont vous avez toujours rêvé et que vous sentez possible pour vous. Si vous décidez de continuer le programme, vous acceptez de vous restaurer, de vous régénérer et de faire le grand saut vers votre meilleure version de vous-même : votre état papillon.

Voilà, vous êtes enfin prêt à être la meilleure version de vous-même!

8

La Guérison des Besoins tridimensionnels

En science, j'ai toujours été fascinée par les principes chimiques de transformation et d'évolution de l'eau en plusieurs états. L'eau peut avoir à elle seule trois formes: la première étant l'état liquide, l'eau, qui nous provient des rivières, des mers et de la pluie. Lorsqu'elle est exposée au froid, elle va se transformer par le processus de solidification en état solide, la glace. Et lorsque soumise à la chaleur elle va se transformer par le processus de sublimation en état gazeux, la vapeur d'eau, et c'est ainsi qu'elle va recommencer son cycle en retombant sous forme de pluie.

On peut ainsi constater que la métamorphose est partout dans la nature et ce serait dommage de croire que l'être humain ne se métamorphose que physiquement pendant sa poussée de croissance. L'être humain est un mystère en lui-même certes, mais comprendre sa tridimensionnalité (corps, âme et esprit) et leurs différentes transformations aide largement à mieux le comprendre, surtout pour l'atteinte de ses objectifs et missions de vie. Dans le processus d'obtention du MBA du bonheur, la transformation tridimensionnelle représente l'étape où la chenille va devoir se transformer en chrysalide et rentrer en hibernation dans un cocon. Elle se fait en trois dimensions ; la transformation du corps physique, la transformation de l'âme au travers des émotions, et la transformation de l'esprit. La transformation tridimensionnelle fait aussi référence au changement, à l'émergence ou encore à la sortie du papillon du cocon. La métamorphose ou transformation est donc indispensable à l'évolution d'une entité ou d'une personne. Cela lui redonne le pouvoir et l'autorité qu'elle avait perdus ou dont elle ne profitait pas. Elle nous permet de guérir de nos blessures d'âmes afin d'atteindre le bonheur.

Comment la guérison des besoins peut vous aider à atteindre le bonheur ?

La guérison des besoins peut vous aider à avoir une vision claire de l'impact que vous voulez avoir dans votre environnement. Cela vous donne une idée générale de votre autorité (pouvoir, charisme) par rapport à vous-même et aux autres. Guérir c'est retrouver son autorité et son pouvoir. Et eux vous donnent en retour la capacité d'impacter votre environnement. Ce pouvoir vous l'avez déjà reçu. Beaucoup de gens vivent en attendant que quelque chose arrive miraculeusement dans leur vie. Lisez bien votre Bible, vous êtes le seul et propre maître de votre destin, car Dieu vous a déjà tout donné. Sachez que s'il manquait quoi que ce soit, Il l'enverrait physiquement sur terre, comme il l'a fait en envoyant Jésus-Christ et par la suite, le Saint-Esprit. Jésus-Christ a tout accompli, je dis bien tout. Il est venu pour que la Parole (vérité) de Dieu délivrée sur nous depuis le début de la création devienne une vérité divine et absolue, qui soit justicière et élevée à tout jamais au-dessus de tout.

« Je me prosternerai vers le temple de ta sainteté, et je célébrerai ton nom à cause de ta bonté et à cause de ta vérité ; car tu as exalté ta parole au-dessus de tout ton nom. »

Psaumes 138 : 2

J'ai fait mes petites recherches et j'ai découvert que la plupart des gens qui ont des difficultés à réussir dans la vie ont tous quelque chose en commun. Ils ne font pas les choses avec confiance et assurance en eux-mêmes, ni en la chose à atteindre et par conséquent, ils n'ont pas d'autorité sur leur vie. Quand bien même ils se donnent tous les moyens pour y arriver, cela ne fonctionne jamais, car ils n'ont pas d'autorité et donc de légitimité sur leur pouvoir. Je me suis alors demandé pourquoi est-ce ainsi, et surtout comment le changer. J'ai découvert quelque chose de très simple, mais très profond. Peu importe tout le mal que vous vous donnez pour faire les choses de la bonne façon, vous le faites en vain si vous n'avez pas la légitimité et l'autorité qui va avec. Un leader n'impacte pas à cause de ses beaux yeux, mais à cause son charisme issu de la puissance de son autorité. L'autorité crée la puissance et vous donne du pouvoir. Un leader donne envie de lui faire confiance et de le suivre dans ses projets. Donc, cherchez à gagner en charisme et en assurance et vous verrez que les choses que vous entreprenez auront du succès.

« Que toute personne soit soumise aux autorités supérieures ; car il n'y a point d'autorité qui ne vienne de Dieu, et les autorités qui existent ont été instituées de Dieu. »

Romains 13 : 1

Dieu a créé l'univers par la parole, car la parole est créatrice. Il n'y a rien de plus puissant que les paroles de bénédictions que vous proclamez sur votre propre vie. C'est pourquoi la prière a un tel pouvoir dans la vie des gens, car elle engage sa foi et sa puissance créatrice au travers de la parole de Dieu. Les mots deviennent des armes puissantes qui peuvent transpercer les obstacles et atteindre votre cible avant de revenir à vous. Vous devez avoir une confiance absolue en la puissance de la parole qui vous envoie impacter un esprit ou planter une semence dans une terre.

« Arrêtez de laisser les gens qui font si peu pour vous, contrôler une si grande partie de votre esprit, de vos sentiments et de vos émotions. »
Will Smith

Sur terre, personne n'a la science infuse alors sachez utiliser votre esprit critique et peser le pour et le contre dans votre balance consciencieuse et divine avant de l'accepter. Sachez donc que vous avez déjà reçu tous les pouvoirs miraculeux dont vous avez besoin pour réussir votre mission sur terre et la seule chose que vous avez à faire c'est l'activer en vous. Il faut être très prudent de nos jours et bien garder son cœur et avoir la tête sur ses épaules. Il faut être capable de renouveler vos pensées pour avoir des pensées de sagesse qui transformeront votre vie. Les pensées de sagesse transformées en parole deviennent des proclamations puissantes qui vous font gagner en autorité. Il y a donc deux choses qui caractérisent le pouvoir: la parole (puissance, vérité) et l'amour (sacrifice, justice). De grâce, gardez jalousement cette vérité précieuse. Car ce monde est rempli de vendeurs d'illusions qui vous voleront vos vérités et les connaissances acquises qui fondent vos valeurs de vie. Ne vous laissez jamais influencer par ce que vous n'avez pas expérimenté ou reçu par conviction divine.

Identification des besoins de transformation tridimensionnels

Une fois le besoin de l'homme identifié, il s'agira de guérir ses besoins fondamentaux, en maîtrisant les besoins de transformation tridimensionnelle. Ainsi, à travers le bonheur qui est d'abord la détermination des besoins réels des personnes, on peut les aider et leur démontrer que la quête du bonheur (besoin comblé) est réellement ce qu'ils recherchent. La maîtrise des différentes techniques et moyens de satisfaction des besoins fondamentaux est primordiale à l'activation du bonheur et du bien-être de l'individu.

« La maîtrise des besoins de transformation est indispensable à l'accélération du bonheur. »

Naomie Coaching

Il faut donc aller à la source, là où le bât blesse et déterminer vos besoins majeurs au travers de ces grands changements vécut à chaque étape de votre cycle de vie. Lors de ses grands changements, l'homme va vivre de nombreuses transformations majeures, notamment des transformations physiques, émotionnelles et spirituelles. Selon la pyramide de Maslow, il y aurait cinq types de besoins répertoriés dans une échelle pyramidale, du premier au cinquième. J'ai moi-même aussi créé ma propre pyramide des besoins en trois grandes parties, comprenant chacune trois dimensions. Tous ces besoins exprimés et assouvis à chaque étape de votre cycle font de vous un être tridimensionnel parfait et équilibré.

Schéma de la pyramide des besoins

1. La transformation physique : besoin physiologique

La transformation physique représente les transformations physionomiques du corps humain. L'homme va évoluer et muter à travers les âges et le temps et va ainsi grandir en force physique lui permettant de mieux canaliser son énergie. C'est tout ce qui est en rapport avec son physique : sa santé physique, son bien-être physique, son apparence physique (beauté), se nourrir, se vêtir, respirer, survivre, dormir, se loger, etc.

Niveau satisfaisant des besoins physiques

On est dépendant de quelqu'un d'autre pour parvenir au niveau satisfaisant de nos besoins (parents, proches). On dépend de la volonté de quelqu'un d'autre à satisfaire nos besoins physiologiques. C'est donc une responsabilité pour ces personnes de tenir leur engagement envers nous. Par exemple, un bébé sans ses parents ne pourrait se nourrir tout seul, il a besoin de ses parents pour lui donner au minimum un niveau satisfaisant d'alimentation possible, pour leur bonne évolution, car même un enfant à droit au bon traitement.

Niveau équilibre des besoins physiques

Ici, on est dépendant de soi-même pour parvenir à ce niveau d'équilibre total de nos besoins. On ne dépend que de soi-même pour entièrement subvenir à nos besoins. On dépense plus de temps et d'énergie à prendre soin de soi et de sa santé physique. On est conscient de son corps et de la beauté de notre être. On assume son corps et le travail en aval pour le perfectionner chaque jour. On est conscient que la santé et la sécurité n'ont pas de prix alors on va aller vers les assurances, la prévention et l'alimentation saine, car on ne veut pas mettre notre santé dans les bras d'inconnus mal intentionnés ou à la merci des produits chimiques et toxiques.

Niveau meilleur/enrichi des besoins physiques

Au niveau enrichi, on est dépendant de Dieu pour nous aider à continuer de subvenir à nos propres besoins physiologiques, mais aussi de ceux de nos proches et de l'écosystème planétaire. On fait confiance totalement à Dieu pour nous restaurer physiquement et naturellement. On fait confiance en la nature et ses vertus saines thérapeutiques. On s'assure d'informer et surtout de bien transmettre les valeurs de la santé physique et consciencieuse ainsi que des besoins physiologiques transformationnelles à notre entourage.

2. La transformation émotionnelle : besoins affectifs/psychologiques

La transformation émotionnelle va se dérouler au travers des grands événements et leçons de la vie d'un homme. Il va apprendre à mûrir en intelligence supérieure, et développer des compétences en guérison des blessures d'âme. Cela regroupe tous les besoins affectifs et psychologiques qu'un être humain peut ressentir. Les besoins d'appartenance donc d'amour, besoin d'affirmation de soi donc d'authenticité et de communication, besoin de contrôle donc de pouvoir, besoin de valorisation donc de succès, compétences et réussite ; le besoin de guérison de l'âme donc de pardon, le besoin d'attention donc d'écoute et d'impact, etc. Il s'agira d'aller travailler sur ses pistes de sentiments ou d'émotions persistantes (colère, jalousie, tristesse, joie, rire, peur, angoisse, gratitude, fierté, admiration, espoir, curiosité, sérénité, etc.), pour comprendre les réels besoins d'un individu.

Niveau satisfaisant des besoins psychologiques

Au niveau satisfaisant, on est dépendant de quelqu'un d'autre pour parvenir au niveau satisfaisant de nos besoins (parents, proches). On dépend de la volonté de quelqu'un d'autre à nous montrer comment travailler sur nos besoins affectifs. C'est donc une responsabilité pour ces personnes de tenir leur engagement envers nous. Par exemple, un enfant doit apprendre à être aimé en premier, si on veut qu'il le donne en retour, prendre le temps de lui expliquer les sentiments, les émotions, comment ça fonctionne, comment gérer le stress. Comment guérir de ses blessures, comment faire pour mieux gérer ses émotions et son ressenti face à lui-même et face aux autres.

Niveau équilibre des besoins psychologiques

Ici, on est dépendant de soi-même totalement pour parvenir à ce niveau d'équilibre total de nos besoins. On ne dépend que de soi-même pour entièrement maîtriser nos besoins affectifs. On dépense plus de temps et d'énergie à comprendre comment fonctionne notre système émotif et psychologique. Comment fonctionne notre cerveau, comment obtenir ce qu'on veut réellement. Comment connaître et obtenir nos vrais besoins concrets ? Comment entretenir une bonne santé mentale et émotionnelle ? On est conscient de son cœur et de son cerveau, de leur rôle et fonction. On assume ses besoins psychologiques et le travail en amont pour les perfectionner chaque jour. On est conscient que la santé mentale et affective est indispensable dans cette société pour échapper au stress, alors on va vers des formations en communication, en service à la clientèle et en thérapie de bien-être en général, car on ne veut pas soumettre notre santé mentale à des gourous pernicieux ou à la merci des poisons de ce siècle (drogues, alcools, jeux de hasard, etc.).

Niveau meilleur/enrichi des besoins psychologiques

Au niveau enrichi, on est dépendant de Dieu pour nous aider à nous même continuer de subvenir à nos propres besoins psychologiques, mais aussi de ceux de nos proches et de l'écosystème planétaire. On fait confiance totalement à Dieu pour nous restaurer émotionnellement et miraculeusement. On fait confiance en la nature et ses vertus saines et thérapeutique pour nous guérir. On s'abandonne à la créativité et l'art pour exprimer nos désirs les plus fous et nos émotions refoulées. On s'assure d'informer et surtout de bien transmettre les valeurs de la santé psychologique consciencieuse et des besoins affectifs transformationnels à notre entourage.

3. La transformation spirituelle : besoin divin

La transformation spirituelle va se dérouler pendant les grands ¨Momentum¨ de ta vie et les moments de conscience, où l'homme va s'éveiller spirituellement à la sagesse divine de Dieu. Cela regroupe tous les besoins de réalisation de soi ou de quête de mission de vie, ou de sens de la vie. Il regroupe tous les besoins spirituels, qu'un être humain peut ressentir, besoin de croyance et de foi, en Dieu ou en quelque chose de plus grand que soi. Besoin de guérir et d'aider les autres et les animaux. Besoin de créer et développer de nouvelles technologies, besoin d'exploration, création, compréhension artistique, etc. Il s'agira de travailler sur ses pistes de besoin spirituel, prière, sagesse, conscience divine, conscience environnementale, etc.

Niveau satisfaisant des besoins divins

Au niveau satisfaisant, on est dépendant de quelqu'un d'autre pour parvenir au niveau satisfaisant de nos besoins, comme un parent ou un proche. On dépend de la volonté de quelqu'un d'autre pour nous montrer comment travailler sur nos besoins spirituels. C'est donc une responsabilité pour ces personnes de tenir leur engagement envers nous. Par exemple, un enfant doit apprendre à prier, à avoir confiance en lui, conscience de lui et de son environnement, et en sa tridimensionnalité. Il doit aussi découvrir et développer ses dons et talents et ce travail doit être menée par les gens de son environnement.

Niveau équilibré des besoins divins

Au niveau équilibré, on est dépendant de soi-même totalement pour parvenir à ce niveau d'équilibre total de nos besoins. On ne dépend que de soi-même pour entièrement maîtriser nos besoins spirituels. On dépense plus de temps et d'énergie à comprendre comment fonctionne notre système spirituel et notre discernement. Savoir, comment fonctionne notre esprit, à savoir comment différencier sa volonté de celle des autres. Savoir comment entretenir une bonne santé spirituelle, etc.

Niveau meilleur des besoins divins

Au niveau enrichi, on est dépendant de Dieu pour nous aider à nous même continuer de subvenir à nos propres besoins spirituels, mais aussi de tous ceux de nos proches et de l'écosystème planétaire. On fait confiance totalement à Dieu pour nous restaurer spirituellement de nos dons d'esprit. On fait confiance en la nature pour nous guérir restaurer spirituellement. On s'informer et surtout on s'assure de bien transmettre les valeurs de la santé spirituelle consciencieuse et des besoins de transformation tridimensionnels à notre entourage.

Pour pouvoir pleinement vivre son bonheur, il faut arriver à cerner et à combler graduellement ses besoins tridimensionnels. Cependant, il est important de bien faire la distinction entre les besoins et le bonheur. Combler ses besoins contribue au bonheur, car cela nous procure une certaine satisfaction et tranquillité d'esprit. Mais le bonheur n'est pas la satisfaction des besoins en soi-même. C'est pourquoi il est important de guérir de notre envie constante de satisfaire nos besoins à tout prix, pour enfin bénéficier du bonheur.

« Le corps a soif de besoin et l'âme à faim de désir, pourtant l'esprit aspire au bonheur. »

Naomie Coaching

Les besoins créent en nous un vide à combler, et qui est de plus en plus grandissant si on n'est pas bien équilibré ou si on n'a pas bien défini son bonheur. Il faut donc guérir de ses besoins tridimensionnels en premier pour pouvoir atteindre la liberté d'esprit qui contribue au bonheur. Il faut se défaire de l'accumulation des biens et la satisfaction des désirs. Il faut aller à la source de ses besoins tridimensionnel et les guérir.

Quel est le processus de guérison des besoins tridimensionnels ?

Il y a donc 3 étapes importantes à faire, pour guérir nos besoins tridimensionnels. Elles correspondent aux trois phases de la transformation du papillon, à savoir :

La création du cocon ou fondation du rocher de sa vie

Cette partie permet de créer un nid, rocher solide capable de nous protéger contre les ennemis qui rodent et voudrait vous empêcher d'atteindre votre état

155

papillon. Rappelez-vous que plus de 90 % des chenilles n'atteignent pas l'état papillon, car elles vont subir beaucoup de péripéties, d'attaques externes capable de les détruire. Elles vont se nourrir d'une plante vénéneuse qui les permettra de se protéger de ses ennemies. Il s'agit donc de s'armer pour se protéger de ses ennemis ou des intempéries de la vie en ayant une assurance-vie. Cette assurance c'est ta foi, ta relation avec Dieu.

La chrysalide ou la mort à soi-même pour renaître en Christ

C'est le grand saut, accepter de tomber dans le vide et de s'abandonner complètement à Dieu pour que lui nous restaure complètement, nous guérisse de nos blessures et besoins. Qu'il nous renouvelle d'une nouvelle identité afin que nous soyons pleinement ce papillon qui sommeillait en nous et qu'on mérite d'être réellement. C'est un baptême tridimensionnel pour renaître à la nouvelle vie. On devient ainsi un monarque, c'est une nouvelle identité qui signifie notre royauté et notre autorité dans la création de Dieu.

L'émergence ou la renaissance dans un Nouveau Monde

La renaissance est synonyme à une nouvelle mission de vie. Renaître c'est revivre à nouveau pour accomplir une nouvelle vision. La chenille avait pour mission principale de se transformer en papillon et le papillon celle de se reproduire. En plus de cela, ils ont tous les deux cette mission commune de contribuer à leur façon à l'écosystème environnementale et ont tous les deux leur place dans cet ensemble. Ta nouvelle vie te donne une nouvelle place, une nouvelle feuille de route; à toi de la trouver.

9

La Fondation du Rocher de votre Vie

Je crois fermement et par expérience qu'il est possible de renouveler son corps, son âme et son esprit et pour cela je vais vous raconter une petite histoire. Plus jeune, je souffrais de sévères douleurs dorsales et abdominales pendant mes menstruations. C'était tellement fort qu'il fallait que je reste parfois allongée pendant des heures et prenne de puissants calmants. Cela me rendait fébrile et nerveuse, je détestais la puberté et ma transformation de femme. Je voyais cela comme un supplice et une véritable punition du ciel. Puis un jour, je suis allée à l'église me confesser vu que j'étais catholique. Au début j'ai commencé par réciter les classiques phrases de confession. Et là subitement, le prêtre me demanda : "Comment as-tu offensé le Père ?"

J'ai répété les mêmes choses que je disais d'habitude, puisqu'il fallait toujours trouver des péchés à confesser.

Puis avant de partir j'ai beugué et je suis restée sans parler et le prêtre m'as demandé "Qu'as-tu m'a fille ?" Et là, je lui ai dit la vérité. Je lui ai dit que j'étais fâché, car je ne comprenais pas pourquoi j'étais la fille de Dieu, mais devait souffrir autant dans ma chair. Pourquoi m'avait-t-il créée en me donnant quelque chose qui me faisait souffrir alors que je ne lui avais rien fait de mal.

« Le miracle est l'expression matérialisée de la foi en action. »
Naomie Coaching

Il a alors demandé à une sœur de l'église de me suivre. La bonne sœur m'a demandé où j'avais mal, je lui ai dit et elle a prié pour moi, en m'imposant les mains à l'aide de l'huile sainte. Puis elle m'a dit : "Ma fille si tu crois que Dieu peut te guérir, il le fera". J'ai ainsi fait ma prière et la douleur s'est complètement arrêtée. Je peux vous assurer que je n'ai plus jamais subi de maux de ventre de la sorte jusqu'à aujourd'hui, et cela fait plus de 17 ans. C'est grâce à cette expérience que j'ai cru au miracle, en la régénération du corps et ai compris que Dieu nous aime et que tout est possible si on y croit et reprend notre autorité sur la réalité. J'ai dû changer mon état d'esprit pour que mon autorité divine au travers de ma foi puisse agir sur ma chair et me guérir.

Comment créer un rocher solide et adapté à vos besoins ?

Pour créer un cocon adapté et conforme à nos besoins, il faut au préalable faire un bilan de sa vie, puis proclamer la confession et la renonciation à son ancienne vie. Enfin, il faut faire le choix de choisir sa nouvelle vie. Laissez-vous donc envelopper par le cocoon de Dieu qui vous accueille à bras ouverts, c'est Lui qui va faire tout le travail pour vous, c'est Lui qui va opérer la magie, la seule chose que vous avez à faire c'est de lâcher prise et de vous abandonner complètement. Je ne vous demande pas d'avoir une religion, je vous demande de développer une relation avec Dieu (l'énergie vitale divine) qui est au-dessus de tout et qui crée la vie. Cette chose qui est plus grande que vous et qui crée le tout et surtout le pourquoi de notre présence ici.

Ainsi la création du rocher se passe en trois étapes :

1. Le bilan de santé tridimensionnel

On a tous un point de rupture, un point d'accrochage et de non-retour, à partir duquel il n'y a plus de mots pour nous soulager, de raisons pour nous justifier, ou même d'espoir pour continuer à avancer dans une direction. On est comme tétanisé, offusqué, révolté ou tout simplement dévitalisé. Plus rien ne vaut la peine de continuer à se mentir de la sorte, à vivre de cette façon, à ignorer sa tridimensionnalité, où même à plaire. On est obligé de lâcher tout ce sur quoi on avait mis sa force, sa confiance, son espoir pour enfin chercher soi-même sa voie. N'attendez pas que ces moments arrivent car vous vous mettez réellement en danger. Prenez le temps de vous poser et faites une introspection complète de votre vie. Non plus un simple bilan de l'état de santé de votre vie, mais un bilan de guérison de vos besoins tridimensionnels. Allez toucher du doigt ce qui fait réellement mal et vous retient prisonnier, et pour lequel vous ne voulez pas mais devez lâcher prise. Cherchez à guérir, tout simplement.

« La guérison de l'âme est l'arme la plus puissante pour effectuer un changement considérable. »

Naomie Coaching

L'un des éléments fondamentaux de toute transformation est le bilan. Peu importe où vous voulez aller dans la vie, vous devez au préalable faire un plan de course pour pouvoir évoluer. La guérison de l'âme est l'arme la plus puissante pour effectuer un changement considérable et surtout un support pour partir sur de nouvelles bases, plus saines et plus fraîches. Même si l'on a communément l'habitude de dire que cela prend toute une vie pour guérir, je fais néanmoins partie de ceux qui pensent que la guérison est un processus et tant qu'on ne l'aura pas enclenché, on peut attendre toute une vie sans voir la guérison s'accomplir. Pour qu'une guérison puisse se faire et peu importe le temps que cela prendra pour être effectif, il faut au moins accepter de recevoir cette guérison et de lancer le processus de libération totale. Si on ne pointe pas du doigt les problèmes que l'on souhaite régler, on ne les résoudra pas juste avec l'idée de le voir se réaliser. La guérison est donc un processus qui doit être enclenché en acceptant de reconnaître le mal qui a été causé et de prendre la ferme résolution de lâcher prise et de résoudre si possible le problème ou la situation.

Vérité : Lister l'ensemble de vérités que vous avez compris.

Question : Quelle sont mes besoins de guérison? Qu'est-ce que je peux faire pour avoir la guérison de mes besoins tridimensionnels?

Recommandation : La démarche à suivre pour faire une bonne introspection est la suivante : se disposer pleinement en prenant du recul face à sa situation actuelle. Se poser les bonnes questions sur ses choix et expériences passées. S'ouvrir à de nouvelles perspectives d'opportunités. Rappelez-vous qu'il n'y a que la vérité qui libère et qui peut vous aider à surmonter chaque étape de votre existence.

2. La confession et renonciation à son ancienne vie

J'ai pendant des années été quelqu'un qui refusait de reconnaître son âge. "L'âge n'est qu'une question de chiffre", vous l'aurez surement déjà entendu. Mais même si cela est vrai, cela ne veut pas dire qu'il faut renoncer à son âge et refuser la responsabilité qui va avec. J'ai toujours été plus mature que mon âge. Je ne sais pas si c'est parce que mon corps s'est vite développé et que cela a créé en moi une croissance rapide au niveau émotionnel, mais dans tous les cas j'étais différente. À 14 ans, je ressemblais déjà à une fille de 18 ans et les hommes ne cherchaient pas toujours à connaître mon âge quand ils me croisaient. Ce qui me dégoûtait le plus, c'étaient les oncles et amis de la famille qui connaissent votre âge réel mais qui vous font la cour. Puisque j'étais très mature, je savais comment les rabrouer, mais c'était plus difficile avec des inconnus, car eux pensaient que je mentais sur mon âge juste pour ne pas leur donner une chance. J'en ai souffert pendant longtemps, je me demandais toujours pourquoi je n'attirais que des personnes plus âgées.

« Chaque âge est chargé d'une mission mais aussi d'une responsabilité. »

Naomie Coaching

Ainsi, en grandissant, ça m'amusait d'avoir cet âge car cela me donnait l'impression d'appartenir à un certain clan que mon âge ne me permettait pas. J'ai donc continué de garder cet âge pour m'intégrer à certains groupes et faire bonne impression. J'ai dû faire face à des gens beaucoup plus âgés, parfois même bien plus que mes parents, et avoir des discussions sans avoir peur d'eux et même parvenir à les influencer. J'ai donc cru bien faire en disant que ma légitimité était rattachée à mon âge qui justifiait ma maturité d'esprit (pourtant j'étais plus jeune qu'eux). Le fait que je trainais avec des personnes plus âgées a créé en moi un désintérêt total pour les hommes de mon âge, qui m'ennuyaient, et que je trouvais alors immatures. Je réalise aujourd'hui que j'ai passé une partie de mon adolescence à être quelqu'un d'autre au lieu de profiter de la vie tout simplement, comme les jeunes de mon âge à l'époque. C'est dommage que cela arrive à cause de la pression de la société et de l'ignorance. Les gens n'ont pas idée de la difficulté que cela représente pour un adolescent de faire une transition entre le monde de l'enfance et celui du monde adulte. De surmonter des traumatismes qui peuvent se glisser pendant son parcours pour arriver à s'assumer dans la société malgré tous ses fardeaux affectifs. Et surtout de parvenir à faire face aux différentes transitions d'âge en restant bien dans sa peau et dans ses basquettes.

« Il ne faut pas juger les gens, car vous ne savez pas les défis qu'ils vivent et les démons et peurs qui les hantent. »

Naomie Coaching

Plus tard, précisément deux ans avant de devenir maman, j'ai fait un gros bilan de ma vie, j'ai décidé de laisser derrière moi tous ces mensonges qui étaient devenus ma réalité, et j'ai assumé mon âge réel, ma maturité et ma sagesse d'esprit sans avoir à me justifier. J'ai enfin assumé qui je suis, tout simplement. Je n'ai donc pas besoin d'avoir un certain âge, un statut social, une forme physique, une certaine origine ou un certain niveau d'éducation pour me faire accepter dans un groupe ou par une personne en particulier. Je n'avais plus besoin de mentir ou de me battre à faire valider mes compétences, mon savoir ou même mes choix pour être amie avec quelqu'un. Si une personne voulait m'imposer des choix qui ne cadraient pas avec mes nouvelles résolutions, je la mettais de côté et avançait car pour moi, elle ne méritait tout simplement pas mon attention. J'ai été complètement libérée du besoin de plaire aux autres et aujourd'hui j'assume pleinement qui je suis. Ma spiritualité, ma beauté, mon franc-parler, mon hypersensibilité, ma générosité, ma joie de vivre, mon âge, ma sagesse, ma maturité, mon multiculturalisme... tout ce qui me rend unique et j'en suis d'ailleurs très fière.

« Celui qui cache ses transgressions ne prospère point, mais celui qui les avoue et les délaisse obtient miséricorde. »

Proverbes 28 : 13

Pour moi la confession est donc la reconnaissance et l'acceptation de ce qui est réel dans votre vie. Beaucoup de gens se mentent à eux-mêmes et refusent d'admettre que certains comportements ou habitudes sont la cause de leurs malheurs. Ils préfèrent rester dans leur zone de confort en se disant qu'ils ne sont pas pires que d'autres ou préfèrent se victimiser en remettant la faute de leur mauvais comportement sur les autres. Je ne vous demande donc pas de confesser à un prêtre vos péchés, mais plutôt de reconnaître vis-à-vis de vous-même et de Dieu ce qui vous détruit le plus. Par exemple, si vous reconnaissez avoir une dépendance à la drogue et savez que cela vous détruit, alors écrivez-le quelque part et acceptez de faire une cure de désintoxication ou juste d'en parler à quelqu'un qui pourra vous aider à vous en sortir. Il est important de savoir que même si une émotion est créée par des informations externes ou internes, il n'en demeure pas moins que si on ne passe par la responsabilisation de ses actions, en acceptant son ignorance et le mal que cela a pu engendrer, on demeure dans une spirale de dépendance et de rejet de nos torts, et dans les mêmes cycles année après année. Si vous ne reconnaissez pas le fruit de vos actions négatives alors vous restez enchaînés à votre ego et à vos peurs, qui vous détruisent vous-même et détruisent les autres par la même occasion.

« Se confesser, c'est renoncer, c'est se libérer et lâcher prise. »
Naomie Coaching

Il faut aussi renoncer pour survivre. Renoncer c'est abandonner et chasser loin de soi tout ce qui nous détruit et nous fait du mal. Ça m'a réellement pris du temps pour le comprendre et croyez-moi, ça a été difficile de me libérer de la spirale de victimisation. J'étais tout le temps en retard et l'excuse que je me donnais toujours c'est que les autres aussi sont en retard, donc que c'est collectif et que je ne suis pas la seule; ou alors je me trouvais des excuses du genre "le métro est arrivé en retard". Sans m'en rendre compte, je restais enchaînée à cette spirale car je ne voulais pas reconnaître que je n'étais simplement pas organisée et chercher des voies et moyens pour en guérir. J'ai dû l'aller à la source pour comprendre mon erreur, guérir et enfin établir des actions pour être plus ponctuelle. Se confesser, c'est renoncer, c'est se libérer et lâcher prise. C'est accepter d'ouvrir une nouvelle page et de faire confiance à la bonne providence.

Vérité : Se confesser, c'est renoncer, c'est se libérer et lâcher prise.

Question : Qu'est-ce que je refuse d'accepter dans ma vie et qui est réel ?

Recommandation : Listez tout ce que vous reconnaissez comme faiblesse et trouvez-leur des forces. Faites également une autre liste de vos forces reconnues. Par exemple, je reconnais que je suis X ou Y. Enfin, déclarez votre renonciation : je renonce à X ou Y. Enfin, je suis X ou Y.

3. Le pardon qui guérit

Plus jeune, il m'est arrivé une déchirure tragique qui m'as fait découvrir les différentes facettes du pardon. En effet, j'avais une amie à cette époque avec laquelle je m'entendais super bien et avec qui je passais beaucoup de temps. Quelques temps, plus tard, j'ai rencontré un jeune homme charmant et attentionné avec qui je me suis mise en relation. Je parlais tout le temps de lui à ma copine et lui disait que j'allais la lui présenter le moment venu. Peu de temps après, elle aussi a commencé à me parler de sa nouvelle relation amoureuse et de comment elle était éprise de son petit ami. Pourtant, à chaque fois qu'on essayait de faire des sorties à quatre cela ne marchait pas. Deux mois plus tard, elle m'a raconté comment son couple battait déjà de l'aile et comment ils ont fini par se séparer. Elle est restée amoureuse de lui et on en parlait parfois avec une autre amie à nous, pour la rassurer et l'aider à passer le cap. J'étais triste pour elle, surtout que cela n'avait pas duré.

« Les femmes ne communiquent pas. Ni avec elles-mêmes, ni entre elles-mêmes. Pourtant elles veulent l'imposer aux hommes. »

Naomie Coaching

Lors d'une soirée, je lui ai présenté mon petit ami qui s'est avéré être son ex. Étrangement, elle n'a pas jugé bon de me le dire! Je l'ai appris d'une amie qu'on avait en commun. Quand je l'ai su, j'étais très bouleversée et ne savais pas sur quel pied danser. Alors j'ai jugé bon de ne rien lui dire aussi et d'analyser son comportement, car pour moi, son silence était déjà synonyme de trahison. Bien sûr, j'ai essayé de confronter le gars, qui a tout nié en bloc. Cela m'a hanté pendant une semaine, j'étais furieuse et déçue car elle m'appelait tous les soirs, mais ne me disais rien. J'étais tellement en colère après elle. Par la suite, j'ai appris qu'elle avait recontacté mon petit ami et lui faisait des avances. J'étais dégoutée alors j'ai commencé à l'ignorer, je ne voulais plus prendre ses appels, car persuadée qu'elle avait tout manigancé dès le départ.

« Les femmes s'imaginent sans cesse des scénarios dans leurs têtes, pour des affaires dont elles n'ont même pas d'abord validé les informations. »

Naomie Coaching

La semaine qui a suivi, je les ai surpris chez lui et ce fut la débandade. Contrairement à mon ex qui a tenté de me reconquérir par la suite, et me supplier de me donner une autre chance. Elle n'a pas fait signe de vie et l'ignorait complètement. Je m'attendais à ce qu'elle s'excuse, communique ou encore s'explique, mais rien. Silence total. Je n'avais plus confiance en personne et m'étais renfermée sur moi-même. J'ai donc décidé de tourner la page.

« Femmes arrêtez de vous ignorer, communiquez et vous résoudrez ainsi la moitié des problèmes du monde. »

Naomie Coaching

Le fait que nous avions des amis en commun nous a poussé, mon amie et moi, à nous revoir. Je n'arrivais pas à lui pardonner son geste, encore moins son indifférence. Quelques mois plus tard, grâce à nos efforts mutuels et ceux de nos amis communs, nous avons enfin pu discuter, et c'est là qu'elle m'apprit sa version de l'histoire. En réalité, elle était tout simplement paniquée, ne savait pas comment me le dire, et avait été blessée que je ne fasse aucun cas d'elle et de ses sentiments en continuant à sortir avec cet homme. Elle avait alors voulu me faire mal.

« Se pardonner, c'est s'humilier devant son ego et prendre de la hauteur devant l'immensité de la puissance de son mal-être. »

Naomie Coaching

Elle aussi avait très mal vécu notre séparation, car elle m'aimait énormément. De plus, en l'ignorant en premier, elle a perçu cela, comme si, je condamnais ses sentiments, ce qui était difficile à accepter pour elle. Quand j'ai su tout cela, j'étais estomaquée, car je ne l'avais pas vu comme ça. Je me suis excusée pour tout le mal qu'elle avait pu subir à cause de mon silence. Je réalisais enfin combien elle aussi avait souffert dans cette histoire. Nous avons toutes deux réalisés que cet homme était un coureur de jupons et qu'on c'était juste fait avoir. À la suite de cela, nous avons vraiment fait bonne route et sommes restées des amies fidèles et transparentes, jusqu'à ce que nos chemins se séparent en allant à l'université.

Les différentes facettes du pardon

Au début, je pensais que le pardon ne se demandait que lorsqu'on faisait du mal aux autres et qu'on voulait faire la paix. Aujourd'hui j'ai compris les différentes facettes du pardon et j'en suis grandement bénie, car je peux enfin jouir des bienfaits de cette très grande arme qui précède la paix. Le pardon est la base même de la guérison de l'âme, on pardonne pour guérir, on pardonne pour survivre, on pardonne pour se libérer. Le pardon a beaucoup de significations, mais celle que j'aime mettre en avant est la réconciliation (avec soi-même et les autres) et la paix du cœur.

« Le pardon précède la paix. »
Naomie Coaching

C'est tout un processus en lui-même qui comprend plusieurs étapes (que j'ai résumé en quatre grandes étapes) :

La reconnaissance.

C'est le respect de ses propres convictions et de celles de l'autre. Il se fait sans jugement et détaché de tout sentiments : on observe et on reconnaît les faits.

La remise en question des faits.

Elle se fait de manière sincère et objective. Il faut poser des questions qui permettent de prendre en compte l'environnement, les circonstances et surtout les besoins réels de l'autre ou les nôtres, ceux qui nous pousse à agir ainsi.

L'acceptation.

Il faut accepter non plus les faits, non plus les besoins, mais accepter de se placer au-dessus de tout cela et faire un acte de foi en choisissant délibérément de lâcher prise pour son propre bien. Le pardon est un choix.

L'attitude du renouvelé.

Enfin, il faut démonter une attitude de libéré, de guérit ou de restauré, en confessant, en témoignant, en allant voir l'autre pour s'accorder en paix et en le vivant au quotidien.

Les différents types de pardon

Lorsqu'une situation arrive, c'est le type de sentiment ou d'émotions que vous ressentez qui vous guidera pour savoir si c'est un besoin de guérison, de connaissance, de pardon de l'autre ou de soi-même. Ce qui est merveilleux, c'est le fait que peu importe l'angle que vous prenez, vous apprenez toujours, dans toutes les situations. Que vous ayez créé le tort ou qu'il vienne de l'extérieur, vous grandissez toujours car les émotions sont là pour vous dire de guérir et d'évoluer à une autre étape. Tant que vous ne le ferez pas, elles resteront là. C'est comme des tiques accrochées à un chien, qui sucent toute son énergie et son sang et qui ne s'en vont que lorsqu'elles sont extirpées à la source. Sinon, elles reviennent encore et continuent leur travail jusqu'à mort d'homme. Car même si leur mission est de vous faire grandir, elles n'en sont pas moins dangereuses pour autant, au point de conduire à la mort.

J'ai ainsi découvert qu'il existe deux grands types de pardons : le pardon de soi et le pardon des autres. Ces deux pardons nous engagent à prendre l'initiative d'aller vers l'autre ou vers nous-même afin d'engendrer la communication. J'ai été bouleversée de voir ce même parallèle avec Dieu, qui n'a pas attendu qu'on lui demande pardon en premier, mais qui a initié le pardon entre Lui et nous en nous donnant Jésus-Christ en premier, symbole de notre réconciliation, afin que nous ne périssions pas mais ayons la vie éternelle. J'étais tellement émue car j'ai réalisé à quel point on est ignorant et peu sensibles aux principes simples de Dieu mais qui donnent la vie et la gloire.

« Et tout cela vient de Dieu, qui nous a réconciliés avec lui par Christ, et qui nous a donné le ministère de la réconciliation. Car Dieu était en Christ, réconciliant le monde avec lui-même, en n'imputant point aux hommes leurs offenses, et il a mis en nous la parole de la réconciliation. »

2 Corinthiens 5:18

Le pardon de soi

Le pardon de soi est constitué de toutes les choses que vous vous reprochez à vous-même, mais aussi de celles que vous reprochez aux autres et à votre environnement. Le pardon de soi peut se faire personnellement ou il peut se communiquer ouvertement. Dans tous les cas, on sait qu'on s'est pardonné quand on ressent enfin la paix du cœur, surtout lorsqu'on repense aux événements reliés à l'émotion ressentie. Donc pour réellement se pardonner soi-même, il faut écouter son cœur et comprendre les émotions que l'on ressent. C'est important de pardonner et surtout à soi-même, pour ses erreurs passées, pour sa naïveté, pour son ignorance, pour sa maladresse et pour son inconscience, etc.

« Je n'ai pas dit que c'est facile de pardonner, je dis que c'est possible de pardonner. Nuance. »

Naomie Coaching

Le premier pardon à faire lorsqu'on fait une cure d'âme est le pardon de soi. La vérité c'est qu'on n'est très souvent victimes de nos conditionnements et de notre environnement immédiat alors il faut se pardonner, car on n'a pas nécessairement fait exprès de copier les faiblesses mais aussi les forces de nos proches. Alors oui il faut se pardonner, se pardonner d'avoir donné le pouvoir à d'autres de nous abuser, de nous détruire et nous réduire plus bas que terre. Il faut se pardonner de ne pas avoir choisi sa famille, son pays d'origine, sa situation économique ou même son corps et son apparence qui nous gênent tant et qu'on fait tout pour changer. Il faut se pardonner aussi et surtout pour tout le mal qu'on a fait aux autres à tort ou à raison, pour tous nos manquements, tous nos défauts qui ont pu briser et détruire d'autres vies. Enfin, il faut se pardonner de ne pas comprendre notre existence, le monde, la société, la vie, et toutes ces choses au-dessus de nous qui nous ont causé de la peine et ont changé notre perspective des choses.

Le pardon des autres

Le pardon de l'autre en revanche a besoin d'être exprimé, et même lorsque l'autre ne fait pas le pas de réconciliation, c'est tout à fait légitime de le faire en premier et de dire à quelqu'un qui vous a blessé que vous lui pardonnez. On ne saurait être en paix réellement avec soi-même, si on n'a pas dit au concerné qui a créé l'émotion ou la situation ce qu'il en est. Car en matière de pardon, il est préférable de ne pas attendre le pardon de l'autre pour se libérer soi-même. En réalité, juste dire à l'autre, ce que vous avez ressenti est la meilleure des thérapies, car certaines personnes n'ont pas conscience de vous avoir offensé. Si vous êtes prêt pour la réconciliation allez voir l'autre et discutez. Vous n'êtes pas obligé de vous jeter aux pieds de cette personne en la suppliant pour recevoir la guérison. Il faut juste faire le travail sur soi en premier et prendre le temps d'observer si c'est le bon moment pour l'autre de recevoir aussi sa libération. Exprimez Vous sincèrement, puis laissez le temps faire son œuvre de restauration en chacun de vous.

10

La Chrysalide

Mon enfance a été assez paisible et joyeuse, jusqu'à ce que j'atteigne l'âge de 6 ans, âge où je vais vivre une expérience assez spéciale qui vas me faire connaître Dieu. À cette époque, je vivais pleinement ma vie d'enfant, gambadant dans la nature, à la recherche du bonheur. Puis un jour, le jeu s'arrêtera, impossible de me lever, je tombe gravement malade du jour au lendemain. J'avais été diagnostiquée de paludisme (pourtant en parfaite santé avant cela) en phase terminale. J'étais devenue maladive et abonnée aux perfusions et aux seringues. J'étais tellement souffrante que j'ai dû arrêter l'école pendant un moment, car pas moyen de me garder plus d'une semaine sans faire de chute. J'ai donc passé un bon moment à la maison et à l'hôpital. Mes parents étaient bien sûr très inquiets, mais je ne comprenais pas vraiment ce qui m'arrivait, je sais juste que je me sentais faible en permanence mais que j'étais toujours joyeuse et pleine de vie, aimant transmettre la joie autour de moi.

Une fois, j'ai fait une grosse chute et perdu connaissance. Je suis restée inconsciente pendant au moins trois jours.

« En Afrique, il n'y a pas de maladie naturelle. Tout est toujours supposition, et division. Pendant ce temps le concerné subit les dommages collatéraux et souffres dans sa chair. »

Naomie Coaching

C'était la grosse dispute dans la famille, chacun essayant de donner raison à sa solution. Quelle médecine alors choisir, celle de l'indigénat (traditionnelle africaine), la médecine occidentale ou celle du miracle de Dieu ? Finalement, mes parents m'ont transféré d'urgence à l'hôpital et ma mère à quand même tenu à faire venir à mon chevet des pasteurs évangéliques pour prier pour moi. À mon réveil j'ai surpris ma mère à genou en train de prier. Me voyant ouvrir les yeux, elle était contente et émerveillée mais encore abattue, car j'étais toujours cloîtrée dans ce lit. Dans la nuit, je l'entendis prier et demander à son Dieu, en priant : "Seigneur, pourquoi permettre que je souffre autant ? Aie pitié de moi et guéris ma fille car Ta main n'est pas trop courte pour agir".

« Peu importe le résultat, j'ai déjà gagné. »
Naomie Coaching

J'ai eu tellement pitié de ma mère, et ne supportais pas de la voir si malheureuse. Alors, j'ai fait ce que j'appelle une alliance avec Dieu pour la première fois en priant: "S'il te plaît, Dieu de ma maman, guéris-moi et je te promets de te servir toute ma vie." Quelque temps après, j'étais remise sur pied comme par miracle. J'étais debout, complètement guérie, et sautait partout. Sur le coup, je n'ai pas eu conscience de mon acte car j'étais très jeune, mais plus tard j'ai compris le poids de cette alliance. Les gens ne réalisent pas, à quelle point une simple expérience vécue dans l'enfance peut impacter toute une destinée, car après cela tout a changé. Ma vie à prit une autre tournure et j'ai été complètement sauvée. Lorsque je suis retournée à l'école, je n'arrêtais pas de dire à mes amis "Dieu m'a sauvée, Dieu m'a guérie. Le Dieu de ma maman sauve !" etc., mais mes amis se moquaient de moi. Dans une école laïque française où l'on apprend aucun mot spirituel, comment voulez-vous qu'on ne me prenne pas pour une folle. Mes camarades et professeurs n'en revenaient pas, car ils n'étaient pas capables de prouver scientifiquement comment c'était possible de guérir du jour au lendemain, même s'ils me voyaient bien portante. Alors ils ont convoqué mes parents et à partir de là, j'ai dû me taire, ne plus en parler. Par la suite, j'ai continué à évoluer, servant le Seigneur à l'église catholique.

« Car Il a tant aimé le monde qu'il donna son fils unique, afin que quiconque croit ne périsse point mais qu'il ait la vie éternelle. »
Jean 3: 16

Plus tard lorsque j'ai déménagé en Chine, j'ai continué à aller à l'église de temps en temps, mais plus par religion et par principe. J'avais beau vivre ma vie comme je le voulais, j'avais toujours à l'esprit de rendre grâce à Dieu en toutes choses au moins une fois par semaine en allant le célébrer avec une communauté car je me rappelais notre alliance. Mais puisque cela m'ennuyait énormément, j'ai cessé d'y aller pendant des mois. Un jour, j'ai fait la rencontre de Jean de Dieu, celui qui allait devenir plus tard mon père spirituel. Il m'aidait avec mes cours mathématiques alors on passait beaucoup de temps ensemble. Il était chrétien et me parlait tout le temps de Dieu. Il a vraiment fait preuve de persévérance car j'étais très catégorique en ce qui concerne les églises dites "de réveil". Je ne voulais rien savoir car j'avais entendu tellement d'histoires à leurs sujets. Un jour, il m'a offert un film de Reinhard Bonnke à la suite de quoi j'ai accepté Jésus dans ma vie. C'était ma deuxième alliance avec Dieu. Ce fut le début d'une longue marche avec Lui, une marche épanouie et heureuse. J'ai servi pendant plusieurs années dans Sa maison, l'église, et j'ai trouvé mon chemin comme toute femme chrétienne.

« Le désert n'est jamais bien loin. Il attend juste que tu n'aies plus d'eau pour te faire subir le tourment de ses parvis. »
Naomie Coaching

Entre-temps, j'ai connu des périodes de sécheresse pendant plusieurs années, où j'ai préféré marcher selon ma propre voie, après avoir été déçue par le corps de Christ. Ça été assez difficile de me relever de ce que j'avais subi. J'en parlerais dans un prochain ouvrage, qui abordera les différentes formes de violences et notamment la violence spirituelle. Tout ce que je peux vous dire, c'est que cela m'a demandé beaucoup de résilience et de lâcher prise pour passer à travers. J'avais, dans cette période de ma vie, construis ma vie autour de cette nouvelle famille chrétienne, au point de tourner dos à ma propre famille. Je pensais avoir trouver une vraie famille mais en réalité, ce n'était qu'une question d'intérêt.

« Dieu n'est pas une religion. »
Naomie Coaching

Le temps a très vite laissé place au doute, aux suspicions, et j'ai vu ma vie complètement basculer lorsque j'ai réalisé la supercherie. J'avais associé Dieu à la religion et c'était difficile pour moi de croire à nouveau en un Dieu qui laisse Ses enfants être détruits par d'autres enfants. Je ne voulais plus rien entendre des églises, ni de Dieu. Plusieurs personnes essayaient de me parler de Dieu et des églises mais ça me faisait rire car je les trouvais ignorants. J'avais appris à compter sur mes propres moyens et à ne plus attendre de miracle de Sa part et je m'en portais pas mal, jusqu'à ce que la vie en décide autrement.

« Que celui qui a des oreilles entende ce que l'Esprit dit aux Églises: celui qui vaincra n'aura pas à souffrir la seconde mort. »

Apocalypse 2 :11

Je suis encore tombée gravement malade. Retour à la case départ après tant d'années sans problèmes de santé. J'ai vu tant de coïncidences, des personnes m'appelaient sans connaître ma condition pour me dire que Dieu allait me guérir. J'étais tellement malade que je perdais du poids à vue d'œil, je perdais mes cheveux et j'avais des plaques sur le corps. Les médecins n'y comprenaient rien, pour eux je n'avais rien à part de l'anémie. Au début je n'y croyais pas, jusqu'à ce que je reçoive ma guérison en acceptant le Saint-Esprit et en laissant entrer Dieu de nouveau dans ma vie. Voici ma troisième alliance avec Dieu. J'ai été complètement guérie, et peu de temps après cela je suis devenue maman. Heureusement, je suis revenue à nouveau vers Lui et j'ai été encore plus fortifiée qu'auparavant.

« La dimension de Christ, celle qui rend tout possible. »
Naomie Coaching

Pour moi le salut est comme une marche constante avec le Seigneur, et chaque jour j'essaye de conquérir un peu plus de terrain. La foi en Dieu est une décision et non une destination. Il y aura des haut et des bas, mais c'est la définition que tu auras d'une chose qui fera la différence. Chaque jour je découvre de nouvelles choses avec Dieu. Dernièrement par exemple, je suis parvenue à la révélation de la dimension de Christ. Ainsi, votre foi en Dieu ne dépend que de vous et de votre parcours, ne regardez pas aux autres et vivez votre propre expérience. Il ne s'agit pas de s'identifier au témoignage des autres mais de vivre sa propre expérience avec Lui. Je n'ai pas eu besoin de choisir Dieu; Il l'a fait pour moi, c'est mon histoire. C'est mon choix et cela n'engage que moi. Vouloir expliquer à quelqu'un pourquoi Dieu, c'est comme vouloir expliquer pourquoi on vit. Dieu c'est un choix et une décision. Et même si demain la définition que j'ai de Lui change ou évolue, alors cela ne dépendra à nouveau que de moi et moi seule.

Quels sont les modèles d'aide à la décision?

La chrysalide, ou la mort à soi-même, implique d'être suffisamment conscient de ce qu'il y a de meilleur pour nous et de faire des choix déterminants pour notre vie. Cela implique de vivre l'instant présent, tout en sachant que ce sont les choix que l'on prend aujourd'hui qui sont à la base des actions que l'on pose et de notre réalité de demain. Le besoin crée le sentiment, et l'émotion guide les actions. Choisir c'est donc réagir à une émotion. Quand vous comprenez cela, vous comprendrez mieux pourquoi il ne faut pas prendre de décision dans la colère.

« Tout ce qu'on est réellement ne peut s'appliquer que si l'on accepte de mourir à nous-mêmes et de renaître à la vie (soi-même). »

Naomie Coaching

Un choix, c'est juste une décision, c'est ce que vous en faites qui fait toute la différence. Vos actions expriment vos pensées, c'est pourquoi au lieu d'écouter ce que les gens disent, je préfère regarder à ce qu'ils font. L'action s'accorde en genre et en nombre avec la pensée. Une personne peut réellement vous aimer, mais s'il elle ne le prouve pas, elle n'aura jamais accès à votre cœur. Les actions révèlent les ambitions. Si cette même personne le prouve, puis vous trompe par la suite, cela veut dire qu'elle a changé de pensée ou avait déjà un agenda préétabli. Poser une action c'est faire le choix conscient ou non d'une émotion que l'on va exprimer à l'extérieur et d'un sentiment que l'on va ressentir à l'intérieur.

« Vos choix sont définis par votre niveau de peur ou votre niveau d'amour. »
Naomie Coaching

Il est important de ne pas vous victimiser dans la vie, et de prendre votre vie en main en tenant compte des responsabilités qui incombent à nos différents rôles dans la société. Si l'on grandit physiquement c'est que nos responsabilités évoluent également; trouvez votre juste équilibre en acceptant la réalité, mais surtout ne cessez jamais d'avancer. Lorsque vous posez une action, vous choisissez automatiquement l'émotion qui va guider votre décision, consciemment ou non. Personne ne chérit ni ne trompe à moitié, comme il n'y a pas de femme à moitié enceinte : ou elle l'est ou elle ne l'est pas. Ne vous méprenez pas et ne confondez pas un trouble émotionnel incertain pour une vérité temporelle. Peu importe la durée de la nuit, le soleil finira toujours par se lever, donc même si un mensonge prend l'ascenseur, la vérité (qui elle a pris l'escalier) finira toujours par atteindre sa destination. Sachez donc faire preuve de patience et de maîtrise de soi.

« Il essuiera toute larme de leurs yeux, et la mort ne sera plus, et il n'y aura plus ni deuil, ni cri, ni douleur, car les premières choses ont disparu. »

Apocalypse 21 : 4

Sachez que même si vous avez fait des mauvais choix et des mauvaises actions par le passé, vous pouvez toujours vous en défaire, en changeant vos pensées et donc vos choix. Ce n'est donc pas une fatalité et rien n'est encore perdu. Tant qu'il y a la vie, il y a espoir. Cependant, responsabilité est de rester désormais accroché à votre salut (papillon). L'atteinte de l'état papillon doit désormais être votre objectif, et tout ce qui ne rentre pas dans votre projet papillon va naturellement s'éloigner de vous. Proclamez des paroles nouvelles et créatrices pour votre vie.

« La vie est un bal incessant de choix et de décisions, devenez donc des statisticiens, car votre vie en dépend totalement. »

Naomie Coaching

Un choix représente une croix. C'est comme un fardeau léger ou lourd, invisible, que vous acceptez de porter. Il y a en effet plusieurs formes de choix, les choix conscients et inconscients. Ainsi, ne pas choisir est aussi une décision. Mais peu importe, une décision reste un choix dont il faut porter la responsabilité. Il faut donc apprendre à être prudent et prendre conscience de la croix que représentent les décisions que l'on prend et de leur impact sur notre futur. Dans ma définition de la science du bonheur, la décision est pour moi l'un des éléments les plus importants après la conscience de soi. Quand on est conscient de soi, et qu'on sait parfaitement qui on est et quelle est la puissance qui nous anime, on peut utiliser cette force à notre avantage et ainsi décider avec assurance. Ce qui représente à mon humble avis, la base de la confiance en soi. Peu importe toutes les bonnes prières et intentions de vos parents et proches à votre égard, une fois adulte, le choix vous revient entièrement de droit. Et vous avez l'obligation de savoir pleinement choisir ce que vous voulez être et faire de votre vie. Et la plupart du temps ce processus se passe pendant la puberté.

« Une prise de décision est une prise d'autorité sur sa vie. »

Naomie Coaching

189

L'être humain va être amené à être challengé par son environnement, sa famille et la société afin de développer des métabolismes de prise de décision, qui vont le suivre dans tous les choix qu'il fera pour choisir sa propre voie. Quand on rate cette étape importante de sa vie, on perd complètement l'équilibre et on a tendance à observer dans la société des êtres humains incapables de décider d'eux-mêmes, et ballottés à tout vent, car ils n'ont pas réussi à faire assoir leur autorité sur leur propre vie. Une prise de décision est une prise d'autorité sur sa vie car elle crée votre réalité future. Pour choisir, il faut entrer en contact avec la connaissance d'une information, et la décision se fait suite aux informations reçues. Il n'y a pas de choix sans connaissance, mais la connaissance d'une chose ne suffit pas, il faut aussi rentrer dans la conscience de cette information avant de faire son choix.

« J'en prends aujourd'hui à témoin contre vous le ciel et la terre : j'ai mis devant toi la vie et la mort, la bénédiction et la malédiction. Choisis la vie, afin que tu vives, toi et ta postérité. »

Deutéronome 30 : 19

Même s'il est difficile de reconnaître que vos pensées créent votre réalité, il l'est encore plus de savoir que vos pensées sont sujettes aux informations qu'elles reçoivent et peuvent choisir ou pas de vous obéir. Tel un placard à jouets, le subconscient peut emboîter autant de jouets que vous voulez, mais quand la capacité arrive à son apogée, elle va déborder de tout bord. La deuxième chose c'est que toute information va vous influencer positivement ou négativement. Cela veut dire que l'homme est toujours influencé à agir, positivement ou négativement. S'il y a un choix à faire, je vous conseille d'aimer, car l'amour vous éloignera de la peur. On ne le dira jamais assez, aimer c'est donner. Cela veut dire qu'on ne peut parler d'amour sans sacrifice. Donner c'est se séparer de quelque chose et le laisser aller sans avoir à attendre quelque chose en retour. Votre définition de l'amour déterminera votre perception de la vie, et surtout de vous-même. Vos choix sont définis par votre niveau de peur ou votre niveau d'amour. La vie est un don, qui nous a été donné par amour par Dieu. Donc l'amour est à la base de toute chose, l'amour est la valeur primordiale à rechercher dans la vie.

« Poser une action c'est faire un choix d'émotions ressenties. »

Naomie Coaching

Un choix est la réaction d'un ressenti de notre âme au travers des pensées, et qui détermine notre futur proche ou lointain. Un choix est une émotion en action. L'émotion a donc un rapport avec la décision. Mais pourquoi des émotions négatives et positives puisqu'on est parfait ? C'est là que j'ai compris qu'une émotion est une expression de l'âme, sous forme d'état d'âme. Une émotion est un état d'âme, et n'a donc pas de polarité ascendante ou descendante. Vouloir catégoriser une émotion de négative ou de positive, c'est comme vouloir dire que les larmes sont négatives ou positives. Les larmes sont des réactions d'état d'âme et sont donc neutres. Ainsi on peut pleurer de joie, comme on pleurer de chagrin, car pleurer c'est chanter à haute voix, c'est crier autrement, mais aussi sourire différemment. Les larmes sont des véhicules d'émotions qui traduisent affectueusement les projets de votre cœur. Elles sont en mission pour libérer l'âme des sentiments d'amour qui l'habite. Une émotion n'a pas de préférence ou de parti pris, elle rend justice de l'amour qui vous anime.

Vérité : Vos choix vont être définis par votre peur ou votre amour.

Question : Qu'est-ce qui soutient vos décisions? Quelles sont les cinq personnes qui vous influencent le plus et pourquoi ? Qu'est-ce qui guide vos actions ? Quelle relation avez-vous avec les choix ? Quelle en est votre définition ? Qu'est-ce qui guide votre volonté ? Quelle relation avez-vous avec l'amour ? Quelle en est votre définition ?

Recommandation : Regardez les films « Matrix » de Lana et Lilly Wachowski, « Focus » de Glenn Ficarra ou « Espadon » de Dominic Sena et faites-en un résumé. Listez ce que vous aurez compris comme vérité sur la décision.

Comment recevoir l'amour divin de Dieu, la source d'eau intarissable ?

Pour pouvoir vivre une parfaite transformation, il faut accepter d'être transformé par le pouvoir de l'amour de Dieu et accepter de faire partie de cette grande vision céleste et divine traduite par la Vie. L'amour est une réaction chimique spirituelle et parfaite. L'amour est un sentiment qui provient de votre réaction à la foi que vous avez mise en une information et qui va produire des émotions telles que la joie ou la gaieté. Une émotion est un ressenti de votre cœur.

Qui est Dieu ?

J'ai eu un débat un jour avec un ami athée, qui a réussi à me positionner dans ma foi de manière spectaculaire. On discutait de l'existence de Dieu. Le but n'était pas de forcer sa croyance sur l'autre mais bien de comprendre le point de vue de l'autre. Moi je soutenais l'existence de Dieu et je lui donnais des exemples qui me prouvaient à moi qu'il y avait un Dieu. Et lui à travers ses expériences, essayait de me prouver qu'il n'y en avait pas. Après une très longue discussion, il me dit: « Tu crois en Dieu car tu l'as expérimenté et moi je n'y crois pas car je ne l'ai jamais expérimenté; ça signifie que tant que je ne l'expérimenterais pas, il n'existera pas pour moi et tu ne peux rien y changer. » J'ai passé toute la nuit à méditer sur ce qu'il m'avait dit et je me suis demandé pourquoi Dieu s'était révélé à moi et non à mon ami, au point où celui-ci me trouvait folle de croire en Lui.

Et c'est là que Dieu me dit « Ma fille, je reste avant tout un choix, car tu as mon libre arbitre. » La semaine suivante, j'ai dit à mon ami : « Tu sais quoi, j'ai ta réponse. Tu ne crois pas en Dieu parce que tu as décidé de ne pas y croire et moi j'y crois car j'ai décidé d'y croire! »

« Dieu n'est pas une religion. Dieu n'a pas de religion. »
Naomie Coaching

Il faut donc faire la différence entre la religion et l'identité de Dieu. La religion divise et le remède à ce mal c'est l'amour. Vous êtes un être spirituel avant tout. Il devrait donc y avoir un plus grand impact dans votre vie. Cherchez à établir une relation spirituelle équilibrée. Personnellement je suis chrétienne et cette appartenance me permet de développer ma relation avec Dieu. C'est l'invisible qui prévaut sur le visible.

Établissez des règles spirituelles strictes pour votre vie: la prière, la méditation, la louange et l'adoration, la sanctification. Développez une relation avec le divin. Faites une alliance avec Dieu. La foi en Dieu est ce qui vous donnera la force de surmonter les épreuves de la vie et de vaincre vos ennemis. Ne soyez pas aveuglé par les murmures des gens sur Dieu, les gens ne parlent que de ce qu'ils ressentent et rarement de ce qu'ils ne comprennent pas. Cherchez donc à avoir votre propre expérience, testez-la et validez-la. Même s'il est vrai que c'est Dieu qui convainc les cœurs, vous pouvez aussi vous laisser convaincre. N'attendez donc pas de vivre un drame pour chercher à comprendre en quoi la foi en Dieu peut vous aider à atteindre le bonheur.

« Tout part de l'existence de Dieu, car à partir de là tout est possible. Je dis bien tout. »

Naomie Coaching

Beaucoup de gens vivent sur terre sans réelle raison de vivre, pourtant la chose la plus indispensable dans la vie d'un être humain est d'avoir une raison de vivre. Donner un sens à sa vie et progresser en tenant compte de celui-ci est l'une des grandes missions de l'homme ici-bas, sans quoi il serait perdu, errant, sans but. Ainsi, toute personne qui n'a pas de raison de vivre fausse déjà son parcours dès le départ. Une personne sans raison de vivre est comme un arbre stérile, sans racines, sans fruits, sans feuilles. Vivre c'est donc premièrement avoir une vision claire de sa raison de vivre sur terre. Deuxièmement, vivre c'est accepter de survivre, car la vie est en perpétuelle évolution. Vivre c'est donc une décision et un engagement d'accepter de se transformer, c'est-à-dire mourir et renaître à la meilleure version de nous-mêmes.

« Se transformer c'est accepter de survivre. »
Naomie Coaching

Se transformer c'est se sacrifier, accepter de tuer l'homme ancien qui subit dans la chair et qui attend tout de la vie comme un spectateur ou un mendiant. Il faut se transformer et rentrer sans son héritage. Partir de fils de l'homme (homme animal), pour devenir fils de Dieu (homme divin), celui qui est héritier de la création et donc créateur dans la matière. Se transformer c'est porter sa croix et aller de l'avant. Se transformer c'est rebâtir sur des ruines, c'est récolter après avoir semé. Accepter d'être soi-même c'est laisser l'amour de Dieu avoir accès à votre cœur et ceci afin que Sa volonté puisse réellement transformer votre existence. Tant que vous essayez de suivre votre propre ego au détriment de l'acceptation du pouvoir de l'amour, vous ne serez jamais pleinement riche. La vraie richesse vient de l'abondance du cœur; par conséquent, vous ne pouvez donner ce que vous n'avez pas, ni même recevoir ce que vous ne savez pas espérer. Vous serez alors juste des éternels emprunteurs et des gardeurs à vie. Mais vous ne posséderez jamais, car vous n'avez pas donné pleinement pour recevoir pleinement.

« Accepter, c'est reconnaître et se soumettre à l'autorité et la toute-puissance du pouvoir de l'amour sur nous, et sur toute la création divine. »

Naomie Coaching

Accepter, c'est reconnaître et se soumettre à l'autorité et la toute-puissance du pouvoir de l'amour sur nous, et sur toute la création divine. Laissez le pouvoir de l'amour vous transformer et laissez-vous guider par sa volonté bonne, agréable et partiale pour tous. Accepter c'est lâcher prise, tout simplement. Accepter c'est donner accès à l'autorité qui est au cœur de soi (l'amour de Dieu), d'agir en sa faveur et surtout de respecter son engagement envers elle. S'abandonner c'est lâcher prise et laisser nos peurs derrière nous. Lâcher prise, c'est aussi s'abandonner complètement et laisser l'amour divin de Dieu nous envahir et nous guider vers notre destinée.

« Abandonnez-vous à Dieu et vous trouverez le chemin de votre meilleure version de vous-même. »

Naomie Coaching

Il ne s'agit pas ici de convaincre un non croyant de l'existence de Dieu (l'Alpha et l'Oméga), ni de convaincre celui qui croit déjà à l'existence de Dieu (Unique et Souverain) qu'il a besoin de pratiquer sa foi au travers d'une religion. Cette section est indissociable au programme que je propose, car il permet de rappeler à tous les êtres humains l'importance de croire en quelque chose. On ne parle plus d'un principe de croyance en Dieu, mais de l'existence de Dieu. Tout part de l'existence de Dieu, la foi, car à partir de là tout est possible. Je dis bien tout. Et pour moi, ce point de départ est celui qui me permet d'avancer, car je sais que je vais quelque part. Je ne sais pas pour vous, mais le simple fait de croire que je ne suis que le résultat d'un « big bang » et d'un pur hasard qui ne me mène nulle part est juste troublant. Dès le départ, cela rend mon existence dérisoire et mon avenir incertain. De plus, cela rend l'équation illogique. Pensez-y : tout semble parfait dans la nature et avoir du sens sauf votre existence. C'est juste impossible. Dans tous les cas, je sais parfaitement d'où je viens et cela soutient ma foi en un avenir meilleur.

« Avoir la foi, c'est avoir l'humilité de reconnaître qu'on a besoin d'aide et s'abandonner complètement à l'inconnu. »

Naomie Coaching

Je vous mets donc au défi de prendre votre courage à deux mains et de parler à Dieu. D'initier une réelle conversation avec Lui, de le questionner sur des sujets précis. Non, vous ne serez pas ridicule, car si des gens très éduqués arrivent à prendre des drogues hallucinogènes et addictives malgré le danger, alors oui il est aussi possible de croire en Dieu et de s'y plaire, malgré toutes les grandes controverses du monde sur les religions. L'homme ne croit que ce qu'il veut croire tout simplement, et ceci fait toute la différence.

« Ce n'est pas parce que l'air est invisible qu'il n'existe pas, car en réalité c'est ce qui nous donne le souffle pour vivre. »

Naomie Coaching

Rappelez-vous, ce n'est pas parce que l'air est invisible qu'il n'existe pas, car en réalité c'est ce qui nous donne le souffle pour vivre. D'ailleurs on le respire tous les jours, tout comme Dieu vit en nous. Si l'air parle au travers du vent, qu'en est-il de Celui dont vous êtes l'image ? Il suscitera même des pierres s'il le faut, mais

199

Il vous répondra. La solution, la foi en Dieu est là mais c'est tout simplement votre humilité et attitude qui fera la différence. Avoir la foi, c'est avoir l'humilité de reconnaître qu'on a besoin d'aide et s'abandonner complètement à l'inconnu, comme les vagues qui s'abandonnent à la rive, car elles savent que c'est le seul moment pour elle d'exister. N'arrêtez pas de Lui parler, jusqu'à ce que Dieu devienne votre souffle de vie.

Vérité : Avoir la foi, c'est avoir l'humilité de reconnaître qu'on a besoin d'aide et s'abandonner complètement à l'inconnu.

Question : À quoi vous accrochez-vous? En quoi avez-vous foi ? Quelle est votre définition de Dieu ? Comment je peux faire pour laisser le pouvoir de l'amour me transformer et me révéler à moi-même ? Quelle est ma raison de vivre ? Qu'est-ce que je peux changer en moi pour être meilleur ?

Recommandation : Après avoir défini une liste de questions à poser à Dieu, je souhaite que vous puissiez faire un mantra des réponses obtenues et vous les répéter le plus possible. Écoutez l'album de Hillsong « So Will I » en entier. 1) Définissez ce qu'est l'amour pour soi. 2) Définissez ce que vous comprenez de l'ego. 3) Faites une liste avec d'une part, ce que vous avez déjà fait par ego et d'autre part, ce que vous avez déjà fait par amour. Et observez lequel des deux contrôle votre vie. 4) Faites une liste des choses que vous souhaitez changer dans votre vie, puis en établissant leur contraire, initiez ces nouvelles habitudes que vous voulez avoir dans votre nouvelle vie.

Changer pour mieux évoluer

Vous pouvez décider de changer à n'importe quelle étape de votre vie, à tout moment et où vous le souhaitez. La plupart des gens attendent leur anniversaire ou le Nouvel An pour établir des résolutions de fins d'année et de nouveaux objectifs pour leur vie. Il n'y aura jamais de meilleurs moments pour être heureux que maintenant, alors n'attendez plus le meilleur moment pour accomplir les choses importantes de votre vie. De plus, un objectif est quelque chose à venir, donc si vous ne le planifiez pas à l'avance, alors vous ne serez probablement pas heureux à ce moment-là, pour se futur que vous attendez. Pour survivre, il faudrait accepter de changer, car changer c'est accepter de survivre.

« Toute chose ne devient pénitence que parce qu'elle rencontre de la résistance. »
Naomie Coaching

Il y a plusieurs étapes dans cette grande initiation qu'est la vie. Mais je les résumerais dans ce livre en 6 étapes importantes car ce livre se veut un résumé interactif, qui doit vous donner des clefs concrètes pour réussir sans trop rentrer dans les détails.

Schéma des étapes importantes de la vie

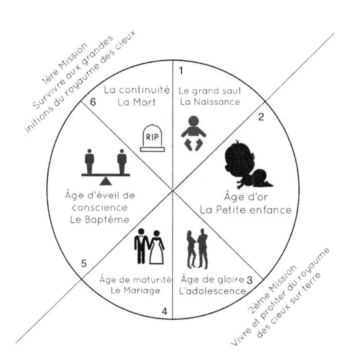

La première étant la naissance ou le grand saut, qui marque le premier pas de la mission de vie. D'ailleurs la naissance est une étape très importante de la vie et qui se prépare depuis l'accouplement et tout au long de la grossesse. Ensuite la petite enfance ou l'âge d'or. Puis l'adolescence ou l'âge de gloire, étape qui représente la prise de conscience et la cession avec la petite enfance. La quatrième est le mariage ou l'âge de maturité. La cinquième le baptême ou la renaissance, qui est l'étape d'éveil de conscience par excellence, et où on apprend la sagesse. Il est important de souligner que ce n'est pas nécessairement un baptême religieux mais avant tout spirituel. Enfin la sixième étape qu'est la mort ou la continuité.

« La puberté est vraiment la période ultime de l'initiation où l'être humain apprend à être. »

Naomie Coaching

La puberté, ou l'âge d'or, est vraiment la période ultime de l'initiation ou l'être humain apprend à être. Elle nous apprend à bâtir nos valeurs et nos convictions, à nous positionner et prendre notre place dans la société, mais surtout à définir consciemment ou inconsciemment ce qu'on veut être pour les prochaines années de notre vie, jusqu'à la prochaine étape de la grande initiation de la vie, qu'est l'âge de maturité, généralement illustré par le mariage. Dans certaines traditions ancestrales africaines, l'initiation de l'adolescent à l'adulte était une nécessité si on voulait trouver sa place dans la société, car tout était bien réparti et les gens étaient catégorisés par leur appartenance. Pourtant cette étape est négligée de nos jours et les gens ne subissent plus de baptême à moins qu'il ne soit religieux. Tout ce qu'on est réellement ne peut s'exprimer réellement, que si on accepte de mourir à soi-même, à tout ce qu'on croit être et de renaître à la vie, c'est-à-dire à tout ce qui est certain. On ne peut vivre réellement et porter du fruit si on ne meurt pas comme du grain pour renaître à soi-même. Et même si c'est difficile, il faut quand même essayer, car il est plus facile de vivre en acceptant ce que l'on est, que d'essayer d'être ce qu'on n'est pas. Il faut donc renaître en premier pour pouvoir prétendre comprendre qui on est et être cette personne. Mais comment le faire lorsqu'on est déjà pleinement adulte et qu'on a passé tous les stades d'initiation de la vie ?

« Pour devenir une nouvelle personne, vous devez vivre de nouvelles expériences. »

David Laroche

Il faut accepter de changer, évoluer, briser la routine et vivre de nouvelles expériences. Le baptême est un normalement une initiation spirituelle. Malheureusement, elle est plus reconnue comme étant un sacrement religieux, qui permet au baptisé de confirmer publiquement son appartenance à la grande famille de Dieu. Pourtant le baptême peut être fait en toute circonstance, afin de recevoir l'assurance de sa foi.

Après avoir renoncé à soi-même à travers la repentance de ses peurs et avoir humblement reconnu son besoin d'aide par la proclamation de sa foi, pour réussir ou accéder à quelque chose. Et pour cela, il faut se repentir, c'est-à-dire, simplement s'humilier et reconnaître ses torts, ses défaillances, ses erreurs et recevoir le pardon de soi et des autres, de Dieu. C'est surtout un moyen de créer une scission entre vous et ces œuvres et donner dos à vos anciens démons. Car la repentance générera en vous la foi en un meilleur lendemain.

« Car Dieu a tant aimé le monde qu'il a donné son Fils unique, afin que quiconque croit en lui ne périsse point, mais qu'il ait la vie éternelle. »

Jean 3 : 16

Le baptême par immersion, communément appelé baptême d'eau, est une pratique ancestrale judéo-chrétienne qui symbolise la renaissance et qui permet au baptisé de déclarer publiquement son appartenance au royaume des cieux. Elle représente la nouvelle vie et son alliance et son rachat à Jésus-Christ. C'est comme un enterrement de l'ancien homme que l'on va crucifier à la croix, comme Jésus-Christ a renoncé à lui-même pour qu'on ait le salut de l'âme. On va noyer le vieil homme dans l'eau qui nous purifie et nous sanctifie, et lave nos iniquités, afin que l'on puisse changer notre caractère. Jésus lui-même est passé par les eaux du baptême pour publier ouvertement son appartenance à Dieu. C'est juste un acte ou une métaphore qui symbolise votre nouvelle naissance, avoir une vie totalement changée et plus épanouie.

Vérité : Être soi-même, c'est entrer dans l'acceptation et la conscience de soi.

Question : Comment je peux faire pour exprimer davantage qui je suis dans chaque domaine de ma vie ? Posez-vous les bonnes questions. Exemple : Qui je suis ? En quoi est-ce que je crois ?

Recommandation : Faites un mantra (récitation de parole positive) pour rentrer dans l'acceptation et la conscience de soi.

11

La Renaissance

Quand j'étais plus jeune, j'aimais dessiner, écrire et chanter. Je le faisais tellement bien que tout le monde me disait « Tu finiras designer de mode ou chanteuse à succès c'est sûr, car tu as vraiment du talent. » Ça m'amusait car je le voulais vraiment, et pour moi vivre de ma passion était la meilleure chose qui puisse m'arriver au monde. En grandissant, j'ai délaissé certains de mes talents pour me focaliser sur mon don du service. Je me disais alors que je ne ferais jamais carrière dans un de ces domaines, car mes parents ne me le permettront pas et de plus, cela requiert beaucoup de temps et de travail.

« Un an dans le noir, sans eau, sans nourriture, sans oxygène, je mourrais à petit feu loin de mes passions. »

Naomie Coaching

Étant donné que le service était inné pour moi, je me suis dit que c'est ce que Dieu voulait que je fasse et pas le reste. Alors je me suis mise à négliger progressivement les entraînements et une année après j'ai complètement arrêté d'aiguiser mes talents pendant plus d'un an. Je pense que ça a été l'année la plus noire de ma vie. Bilan : j'ai failli y laisser ma peau, j'étais devenue vide, même le service n'avait plus de saveur pour moi, et j'étais meurtrie sans savoir pourquoi. Puis un jour le pire arriva, en essayant de retrouver ma joie de vivre, je suis retournée à mes passions, ce qui s'est avéré catastrophique. Je me suis rendu compte que je ne savais plus dessiner, je n'avais plus d'inspiration pour l'écriture, pire encore, je n'avais plus de voix. J'ai vu mon monde s'écrouler car pour la première fois ce que je pensais acquis ne l'était plus. La plupart des gens ne réalisent pas la grâce qu'ils ont d'avoir les talents qu'ils possèdent, jusqu'au moment où ils les perdent; c'est là qu'ils en comprennent la valeur.

« Les gens qui ont des talents et qui ne les utilisent pas se détruisent eux-mêmes sans le savoir. »
Naomie Coaching

Un don est un cadeau divin qui procure la joie de vivre, moteur du bonheur. Sans joie, il n'y aurait pas de raison de faire les choses, sans joie il n'y aurait pas la vie. Un cadeau se donne avec joie et amour, sans cela, ce n'est plus un don, mais de l'opportunisme. La joie est la vitamine D de la vie et vous en profitez davantage quand vous la partagez. Ainsi, de même que la joie est contagieuse, les dons et les talents peuvent se transmettre. Vos dons et talents représentent l'essence même de votre joie de vivre. Sans joie, votre vie est stérile, fade et ténébreuse. Quand j'ai réalisé cela, il n'était heureusement pas trop tard, mais j'avais perdu beaucoup des facultés que j'avais réussi à développer toutes ses années. J'ai pleuré toutes les larmes de mon corps, car j'ai réalisé à quel point j'avais négligé et attristé mon esprit artistique, pour quelque chose qui ne partirait jamais, mon don pour le service.

« Tout se régénère dans la vie, il faut juste retourner à la source, et demander à Dieu de vous restaurer. »

Naomie Coaching

Je remercie le Seigneur que tout soit rentré dans l'ordre. Aujourd'hui, petit à petit, je reprends des forces, je fonce et m'accroche à mes passions et à mes rêves, comme si ma vie en dépendait. Le simple fait de pouvoir atteindre à nouveau certaines notes de musique me fait jubiler de bonheur. Je n'avais jamais autant écrit de ma vie, comme cette fois où j'ai écrit douze pages en deux heures, l'extase totale (je vous concoctais déjà ce petit bouquin). Je suis pleine d'enthousiasme quand je vais dans un musée d'exposition artistique. D'ailleurs, je prévois un jour réaliser mes rêves en créant ma propre agence de développement de projet artistiques. Toutes ces choses et bien d'autres encore me procurent tellement de bien, et je n'arrive même pas à croire que je voulais vivre sans. Oui, tout se régénère, il faut juste aller à la source, et demander à Dieu de vous restaurer tout simplement. Le service et la créativité sont mes plus beaux dons et je sais qu'ils font partie de moi à tout jamais. Cependant, cette créativité traduite par mes talents avait elle aussi besoin d'être entretenue pour subsister.

Comment donner par la foi ce que l'on a reçu par la grâce ?

Quand on parle de renaissance, cela implique toujours d'une part, la renaissance du soi intérieur et le rééquilibrage de notre tridimensionnalité par rapport à notre propre développement personnel. D'autre part, cela implique la renaissance de service et le rééquilibrage de sa mission de vie, par rapport à tout ce qu'on doit faire pour les autres. Or servir, c'est donner car le don est à la base de tout service. C'est pour cela qu'on parle de don de soi et de don aux autres. Ainsi, pour pouvoir donner tout ce qu'on a en soi, il faut s'abandonner complètement à sa mission et cela implique 4 grandes étapes:

1. Avoir une mission claire et précise

Une nouvelle naissance implique une nouvelle mission, une nouvelle façon de servir les autres, mais aussi une nouvelle façon d'interpréter la vision de sa vie en appliquant le discernement. Cela revient à dire que ne pas chercher à comprendre et surtout à reconnaître le chemin de notre mission de vie nous disqualifie dès le départ de la course de la vie. Ne cherchez donc pas à vous comparer aux autres dans la vie. Une mission sans but (raison) est semblable à un mot sans définition. On peut donc conclure que, même si vous vous efforcez de travailler dur et créez un plan d'action solide pour atteindre des objectifs, si ceux-ci ne s'alignent pas avec votre raison de vivre, vous le faites en vain, car vous n'atteindrez jamais votre but. Votre mission de vie est le pourquoi de votre raison de vivre.

« C'est la population qui décide quand il est temps pour un leader de partir, pas les puissances étrangères. »

Paul Kagamé

Quand on parle de mission, il est important de comprendre qu'une mission ne peut être faite sans un représentant ou un ambassadeur. Si vous avez des doutes et vous demandez comment comprendre la mission de votre vie, pensez au rôle d'un ambassadeur. Si un ambassadeur va dans un pays étranger et décide de servir d'autres intérêts, l'intérêt qu'il est venu servir ne fonctionne pas. Votre mission vous rapproche toujours de votre vérité ultime et celle d'un ambassadeur est de porter avec brio les intérêts de son pays dans un pays étranger. Il n'appartient donc pas au pays dans lequel il vit et ceux-ci n'ont pas de pouvoir sur sa venue ni son départ. Un ambassadeur est au service de sa mission. Il prête allégeance et honneur au code civil de son pays et de l'autorité qui l'a envoyé pour servir sa nation, afin de représenter en toute circonstance les intérêts de sa mission avant les siens. Ainsi, ne laissez pas quelqu'un d'autre décider de votre mission ni vous stopper dans votre élan. Et si vous doutez, demandez à celui qui vous l'a donnée de vous la révéler. Beaucoup pensent que Dieu (la vie) est à leur service, mais détrompez-vous, vous êtes au service de votre propre mission de vie (le chemin). Car on est tous au service de quelque chose ou de quelqu'un, qu'on l'accepte ou pas.

« Une mission sans but est semblable à un mot sans définition. »

Naomie Coaching

Pour être en mesure d'impacter le plus de personnes possibles, il faudrait au préalable avoir une mission, une vision claire d'un but à atteindre. Une vision vous donne une certaine orientation et direction pour votre mission, mais si vous n'avez pas de stratégie ou un plan d'action détaillé, vous n'allez pas y arriver. Il est plus facile pour les gens de rêver, c'est pourquoi ils vous en parleront facilement. Pourtant il ne se donnent pas les moyens d'atteindre ces rêves, en se fixant des objectifs et des délais bien précis. Résultat : ils n'obtiennent pas ce qu'ils veulent. À chaque Nouvel An c'est la même chose. Ils se disent en janvier "Cette année c'est mon année !", et ils se préparent en décembre à vivre de nouveau ce schéma chronique de médiocrité, sans plan, sans feuille de route, n'ayant en poche que leurs souhaits comme espérance. Le piège de la grande roue de fortune des fêtes de fins d'années.

« **Pour impacter, il faut choquer stratégiquement et briser les chaînes des raisonnements négatifs.** »

Naomie Coaching

L'autre raison pour laquelle la plupart des gens n'obtiennent pas ce qu'ils veulent, c'est parce qu'ils ne savent pas ce qu'ils veulent. La stratégie d'action est ce qui fera la différence entre ce que vous désirez et ce dont vous avez besoin, entre un projet et un rêve. Ainsi cette catégorie de personnes va systématiquement du non-achèvement successif à la non-réalisation chronique sans fin de leur projet. Ils veulent faire plusieurs choses en même temps et ne savent pas canaliser leur potentiel. Ils ont de bonnes idées, mais ils procrastinent sans cesse et ne savent pas prendre les devants pour obtenir ce qu'ils veulent. Alors quand bien même ils essayent, ils s'arrêtent dès que les problèmes arrivent, ou encore persistent parce de toute façon, ils ont toujours un autre projet en attente, un plan B. La stratégie te permet de garder le focus pour finir un projet à la fois.

« Les pensées de sagesse transformées en paroles deviennent des proclamations puissantes qui vous font gagner en autorité. »

Naomie Coaching

Pour ceux qui en revanche sont déterminés à réussir et savent ce qu'ils veulent, il n'y a que la victoire comme porte de sortie. Une mentalité de vainqueur vous donne accès à tout ce que vous voulez, car vous avez déjà gagné la première bataille, celle de l'esprit. Pour moi, la réussite est un état d'esprit qui se concrétise en parole puis en action. De ce fait, les obstacles ne sont plus des freins mais des accélérateurs qui vous donnent l'opportunité d'aller plus loin et plus vite. Ainsi la clef du succès réside dans votre capacité à vous adapter pour surpasser les obstacles. S'il est vrai qu'on ne fait pas d'omelette sans casser d'œufs, il n'en est pas moins vrai de dire que pour impacter il faut choquer stratégiquement et briser les chaînes des raisonnements négatifs.

Vérité : Il n'y a rien de plus puissant que les paroles de bénédictions que vous proclamez sur votre propre vie.

Question : Qu'est-ce qui guide votre parole ? Quelle relation avez-vous avec la parole ? Quelle en est votre définition ? Quelle relation avez-vous avec le pouvoir ? Quelle en est votre définition ? Quelles sont les 5 personnes qui vous influencent le plus et pourquoi ? Qu'est-ce qui guide votre raisonnement ? Quelle relation avez-vous avec la stratégie ? Quelle en est votre définition ?

Recommandation : Regardez les films « David et Goliath de Wallace Brothers », « Le Parrain de Francis Ford Coppola » ou « Catch me if You Can » de Steven Spielberg et faites-en un résumé. Listez l'ensemble des vérités que vous avez compris du pouvoir.

2. Développer ses dons et talents

J'aimerais vraiment faire la différence entre un don et un talent, même si les deux sont synonymes et utiles dans cette situation. Comme la plupart des gens, je prenais les deux pour des cadeaux gratuits du ciel qui demeureraient à vie sans que je n'aie rien à faire pour les maintenir. Je pensais que les deux étaient comme de l'eau, que j'en aurais suffisamment et abondamment en permanence jusqu'à ce que j'apprenne ce qu'est une coupure d'eau.

« N'attristez pas le Saint-Esprit de Dieu, par lequel vous avez été scellés pour le jour de la rédemption. »
Éphésiens 4 : 30

Tout ce que vous attristez s'éloigne de vous, même les dons et les talents. Un don est un cadeau que vous avez reçu naturellement, un talent peut se transmettre et se développer à partir d'un don. L'amour est un don de Dieu, la danse est un talent de Dieu. Ainsi, vous pouvez avoir le talent sans le don et vice versa. Le don se donne une fois, le talent se développe continuellement. Avoir un don ne signifie pas que l'on va exceller dans ce domaine, mais si on développe son don et qu'on le met en action, on peut devenir talentueux et réussir dans ce domaine. Dans tous les cas, il faut travailler son don pour qu'il puisse être mis à profit. Même sans don originel, on peut apprendre à devenir talentueux dans un domaine. Peu importe ce que vous possédez, vous devrez l'utiliser pour lui donner sa valeur, et la seule chose pour le mettre en valeur, c'est de servir les autres.

« Rien ne se crée, rien ne se perd, tout se transforme. »

Lavoisier

Un don est un pouvoir ancré dans l'ADN. Un talent est un pouvoir en action. Beaucoup de gens sont à la recherche de leur mission de vie et d'autres pensent qu'ils ne sont bons à rien. Alors ils cherchent en vain la chose qui les rend uniques tandis que d'autres cherchent la chose ultime qui va transformer leur vie. Arrêtez de regarder la télé et mettez-vous en action. Je ne le dirais jamais assez, seul le travail intelligent paye et ce sont vos petites actions quotidiennes qui activent votre révélation et votre élévation vers de nouvelles sphères. Apprenez également à être reconnaissant de ce que vous avez déjà, même si ce n'est pas structuré, organisé ou rentable. Sachez que vous pouvez aller aussi loin et aussi haut que vous voulez, mais si vous n'êtes pas capable d'être reconnaissant, vous finirez par perdre un jour ce que vous avez reçu. Car l'argent comme la réussite sont des sœurs siamoises qui ont le même amant, l'humilité, et elles se baladent de poche en poche, et de vie en vie, éternellement à la recherche de leur amoureux. La nature est bonne pour tous, car le soleil se lève tous les matins sur les bons comme les méchants, mais elle a horreur du vide, donc rien ne vous appartient réellement sur cette terre, même pas votre vie (dons, talents), nous sommes tous des propriétaires.

« Un don est un pouvoir ancré dans l'ADN. Un talent est un pouvoir en action. »

Naomie Coaching

Vous avez connu et entendu la grande Whitney Houston (paix à son âme) dont la voix restera à jamais gravée dans l'histoire musicale du monde. Elle avait un don artistique inestimable, traduit par son amour pour le chant et la musique et c'était phénoménal. Mais elle restera à jamais gravée dans nos mémoires pour ce qu'elle nous a donné, son don artistique et son talent vocal. À la fin, les gens se rappelleront toujours ce que vous leur donnez et surtout de comment vous les faites se sentir.

« Les gens qui ont des talents et ne les utilisent pas se détruisent eux-mêmes sans le savoir. »

Naomie Coaching

Morale de l'histoire : apprenez à cultiver vos dons et vos talents à leur juste valeur. Un don ou un talent est un pouvoir qui doit être mis en action au profit des autres et de soi-même. Vous l'avez reçu pour l'utiliser alors il faut le mettre en exergue. Pour finir je dirais qu'une mission n'est pas nécessairement une grande chose que vous avez à accomplir, c'est juste l'expression de vous-même, être qui vous êtes en permettant aux autres et à la vie d'en profiter est la seule chose qui devrait vous faire vivre. Les dons et talents sont des thérapies de vie, en les découvrant mais surtout en les développant, on s'améliore (se guérit) soi-même et les autres aussi. C'est pourquoi je veux dédier ma vie à enseigner aux gens à découvrir leurs dons et à libérer leur talent, ainsi je continue de me guérir moi-même.

Vérité : Tout se régénère, il faut juste aller à la source, demander à Dieu de vous restaurer, tout simplement.

Question : Quels sont vos dons et talents ? Comment pouvez mieux les exploiter ? Quels sont vos dons ? Comment pouvez-vous mieux exploiter vos dons ? Comment pouvez-vous mieux exploiter vos talents ? Quels sont vos talents ? Qu'est-ce que vous avez laissé mourir en vous-même ?

Recommandation : Regardez les films « Frida » de Julie Taymor ou « Sing » de Hammer & Tongs et faites un résumé de ce que vous avez compris des talents.

3. Le sens du discernement.

Développer son sens de l'odorat spirituel c'est développer son esprit de discernement. L'organe olfactif est l'organe du corps humain qui contrôle notre respiration et par la même occasion le sens de l'odorat. Le sens de l'odorat a donc au même titre que les autres une capacité remarquable qui permet à l'humain de sentir les choses et donc de reconnaitre l'appartenance d'une chose juste par l'inhalation de son odeur. La respiration est un réflexe naturel de l'être humain, et pourtant tout un processus à part entière reproduit instinctivement ou par réflexe par le corps humain. L'air entre dans les poumons par le geste de l'inspiration des fosses nasales, ensuite la gêne olfactive va transformer l'odeur en message codé qui va être acheminé jusqu'au cerveau qui transforme cette information en message. Notre respiration est donc très primordiale puisqu'elle aide aussi à donner des instructions claires à notre cerveau. Notre odorat nous permet de traduire les émotions contenues dans les différents parfums (senteurs) qui vont par la suite être stockées dans notre mémoire. Je dirais même que la bonne respiration est la clé d'une bonne santé physique et spirituelle. Développer sa respiration aide à transporter l'oxygène dans le sang et nous maintient donc en bonne santé physique. Développer son odorat revient spirituellement à être capable de développer le sens du discernement, donc à notre décision.

« Les parfums transportent des mémoires libres qui cherchent des cerveaux pour les emprisonner. »
Naomie Coaching

Ainsi de même qu'on peut sentir un parfum de bonne odeur, on peut également sentir une ambiance qui laisse à désirer. Vous est-il déjà arrivé d'entrer dans une pièce et de sentir une atmosphère étrange ? C'est l'esprit de discernement et il nous est surtout utile au moment de faire des choix. Le discernement pour moi est une forme de sagesse divine qui nous permet de distinguer le bien du mal, le vrai du faux, etc. Plus on grandit en sagesse, plus on grandit en esprit. Dans le christianisme, on parle d'esprit de discernement afin de discerner la volonté de Dieu, ce qui est bon de faire pour soi-même. L'esprit de discernement nous aide donc à trancher dans une situation qui fait appel à notre volonté.

« La foi vient de ce qu'on entend et ce qu'on entend vient de la parole de Christ. » Romains 10 : 17

Comment développer son discernement ? Tout simplement en développant sa respiration à travers la connaissance de la parole de Dieu, la méditation et la prière. Personnellement, je ne pense pas que le discernement soit en lui-même une fin en soi, un peu comme le bonheur, ou la sagesse, c'est plutôt une quête qui trouve son sens dans l'action, dans la constance et surtout dans la répétition. En tant que chrétienne, je choisis de mettre ma foi en Dieu, c'est Lui qui me conduit et guide mes pas. Ma vie est enracinée en Lui, et tel un arbre je suis plantée près du courant de son fleuve divin qu'est l'amour absolu et je donne du fruit en ma saison, car je réside dans de verts pâturages et le bonheur et la grâce m'accompagnent tous les jours de ma vie.

Question : Quelle est la fondation de votre vie et de votre foi ? Qu'est-ce qui fait que vous soyez encore sur cette terre, en vie?

« Une personne qui n'a pas de fondement en quelque chose est comme un arbre sans racines. »
Naomie Coaching

La foi en Dieu peut être comparable à ce qu'on appelle l'effet placebo. Donnez une pilule à un patient et dites-lui que ce médicament peut le guérir. La réalité matérielle actuelle c'est que c'est un bonbon, le pourquoi certaines personnes guérissent et d'autres pas est juste un mystère. Car rien ne garantit au départ que la formule va guérir le patient ou pas, va agir sur ce patient en particulier ou pas car il n'y a aucune certitude. Pourtant certaines personnes guérissent et d'autres pas. Il existe des cas qui ont parfaitement fonctionné et les gens y ont cru et ont été transformés, tandis que d'autres non. D'un point de vue scientifique, cela s'apparenterait à de la physique quantique qui stipule que la pensée peut agir sur la matière, mais moi je sais avec certitude que d'un point de vue spirituel, c'est votre foi (prière, intention, pensée positive) qui vous sauve. En somme, la foi en Dieu ne dépend que de vous, mais Il est bel et bien réel comme cette formule.

« Ta foi t'a sauvée, va en paix. »
Luc 7 : 50

Donc la foi crée une possibilité là où il n'y a pas d'assurance, là où rien n'est garanti, mais grâce à elle on y arrive. C'est donc notre foi en elle-même, qui une mise en action, fait toute la différence. Quand j'ai compris cela, j'étais époustouflée, cela m'a libérée de la peur constante d'être dans le mauvais chemin. Car j'ai finalement compris que votre monde est défini par ce en quoi vous croyez, et si vous croyez ce que d'autres disent de Dieu ou de vous-même, alors c'est leur foi que vous portez en vous. Si vous avez une bonne ou une mauvaise relation avec vous-même ou avec Dieu, cela ne dépend pas des autres mais de vous-même. C'est vous qui donnez l'énergie à une chose d'agir ou non sur votre esprit. Vous avez le devoir d'établir votre propre relation avec Dieu avant de pratiquer quoi que ce soit dans la vie. Pour être honnête avec vous, si vous ne pouvez questionner un doute qui vous monte à l'esprit sur un sujet quelconque, alors vous êtes certainement dans la religion. La religion dans son sens élargi, peut être semblable au fait de laisser une personne penser à votre place (le collectif), et toujours répéter ses commandements de manière inconsciente peu importe ce qu'en pense notre être intérieur.

« L'homme qui se noie s'accroche à l'eau. »
Proverbe Africain

La foi en Dieu ne vous épargne pas des problèmes et malheurs du monde, mais elle vous donne l'espérance en un meilleur lendemain. Elle n'épargne pas les obstacles mis sur votre chemin pour vous faire grandir, mais elle vous donne de la force pour combattre vos ennemis et des ailes pour voler plus haut. Elle ne vous épargne pas de commettre des erreurs, mais tel un rocher, elle vous rassure que vous ne soyez jamais seul et qu'en toute circonstance le pardon est disponible. Elle ne vous épargne même pas la mort, mais elle vous donne en revanche l'assurance d'une vie après la mort pour que vous puissiez continuer de jouir encore des bienfaits de Son amour dans toute sa splendeur. Car une fois que vous l'acceptez, vous êtes toujours connecté à la source divine de l'amour de Dieu.

Vérité : Vous êtes bel et bien en vie sur cette planète et vous avez le devoir d'être conscient et reconnaissant de ce cadeau qu'est la vie, peu importe les circonstances externes actuelles.

Question : Comment je peux faire pour utiliser ce cadeau qu'est ma vie et le faire concourir à mon avantage ? Comment développer ma foi en Dieu?

Recommandation : Regardez les films "La passion du Christ de Mel Gibson" ou "Fireproof" de Alex Kendrick ou "Conversation avec Dieu" de Perry Lang et faites un résumé de ce que vous avez compris. Listez les vérités que vous avez retenues de Dieu.

Le pouvoir de la visualisation

Il suffit de voir comment fonctionne l'industrie marketing. Nous avons de la publicité partout dans la ville et la plupart d'entre elles proviennent de très grandes multinationales. Puis un jour je me suis demandé pourquoi des compagnies comme Coca-Cola ou McDonald's font toujours autant de la publicité, malgré leur grande notoriété. De génération en génération les gens partagent l'affection pour ses marques, et de leurs enfants aux petits enfants, tel une religion. Alors pourquoi encore dépenser de l'argent en publicité ? Je me suis rendu compte de la puissance de la visualisation. Même si vous ne voulez pas quelque chose, plus vous la voyez plus vous développerez un intérêt pour elle. Avec une publicité, vous pourriez développer et conquérir un client plus facilement qu'en lui expliquant ce que vous lui vendez. La raison première est que beaucoup de gens ne contrôlent pas encore leur processus de décision. Le pouvoir de leur désir ponctuel est plus grand que celui de leur volonté constante. Deuxièmement, en jouant sur les émotions d'une personne on est capable d'influencer ses décisions, c'est pourquoi les publicitaires vont jouer sur l'influence invisible, en créant l'émotion à partir d'une image ou d'un son.

« Le pouvoir de leur désir ponctuel est plus grand que celui de leur volonté constante. »

Naomie Coaching

Il vous est sûrement déjà arrivé comme la plupart des gens de voir les personnes que vous aimez en image lorsque vous pensez à elles ou entendez leur musique préférée. C'est le pouvoir de la vision. Selon moi, il existe de nombreuses façons de voir et de définir ce qu'on appelle un tableau de vision. Son utilisation et sa définition les plus courantes sont un collage d'images qui peut vous aider à atteindre votre objectif. C'est un outil qui peut vous aider à clarifier votre vision et à atteindre l'objectif que vous souhaitez atteindre. Il peut vous aider à rester concentré et dévoué en voyant visuellement la réalisation de votre objectif. C'est donc l'expression physique de l'objectif que vous voulez atteindre, en affichant des images dans le présent de quelque chose que vous voulez avoir dans un avenir proche ou lointain.

« Si vous pouvez l'imaginer dans votre esprit, vous pouvez également le réaliser dans le monde physique. »

Naomie Coaching

Les techniques de visualisation sont très puissantes pour créer une nouvelle habitude dans votre subconscient. Comme un nouveau programme qui s'imprime dans votre esprit la visualisation permettra à votre subconscient d'activer un nouveau cycle de routine. Cela agira à titre de rappel qui répète des choses que l'on veut voir s'accomplir. Jour après jour la vision se concrétise de plus en plus et le rappel sera ainsi constant. Peu à peu vous verrez que les opportunités se succèdent l'une après l'autre car vous gardez votre but près de votre cœur. La visualisation est vraiment une arme puissante, elle ouvre une multitude d'opportunités d'accomplissement de nos rêves qui sont pour la plupart, des besoins gravés dans notre mémoire.

« Garder son but proche de son cœur. »

Naomie Coaching

Pour cela, il faut avant tout que votre but soit affiché dans un endroit visible. Cela peut être accroché sur le mur de votre chambre ou sur la porte de votre réfrigérateur, ou définir comme fond d'écran de votre ordinateur ou téléphone. Vous l'aurez compris, trouvez-lui l'emplacement idéal pour qu'il joue pleinement son rôle de rappel. Listez en premier ces choses puis trouvez-leur des images correspondantes que vous collerez sur un canevas :

- Listez 1 chose que vous pourriez faire pour l'environnement cette année.
- Listez 2 projets commerciaux que vous allez réaliser dans les 2 prochaines années.
- Listez 3 sentiments que vous voulez ressentir les 3 prochaines années.
- Listez 4 besoins familiaux ou relationnels que vous voulez réalisez les 4 prochaines années.
- Listez 5 objectifs que vous devez accomplir les 5 prochaines années.
- Listez 6 habitudes financières que vous devez appliquer pour les 6 prochaines années.
- Listez 7 bonnes pratiques de santé que vous devez appliquer pour les 7 prochaines années.
- Listez trois objectifs de développement personnel et professionnel les plus importants.
- Listez 5 objectifs sociaux et communautaires que vous devez appliquer pour les prochaines 6 années.
- Listez 10 résolutions que vous voulez voir s'accomplir ses prochaines 10 années.

12

Accélération du succès

L e succès est un état d'esprit qui nous procure énormément de joie. J'ai compris que le contraire du bonheur n'était pas le malheur mais le manque de paix et de joie. Vivre sans paix c'est vivre comme un mort vivant. Vous pouvez être la personne la plus belle, la plus riche, la plus talentueuse au monde, mais si vous n'avez pas la joie de vivre et la paix d'esprit, alors vous n'êtes pas vraiment heureux. Vous pouvez paraître heureux devant les gens, mais être triste et malheureux en réalité, quand vous êtes seul chez vous, car vous n'avez pas la seule chose qui peut réellement vous procurer du bonheur.

Je ne vous parle pas d'émotions ou de sentiments passagers, de paix du cœur momentanée ou de joie passagère mais de constance d'esprit. Quelque chose qui vous apaise et vous procure la paix et la joie d'esprit même dans la difficulté. Vous pouvez payer quelqu'un pour vous faire rire à longueur de journée, pour vous donner une joie temporaire, mais vous ne pouvez payer pour la joie d'esprit constante. Car c'est un état d'esprit qui émane de l'intérieur et qui équilibre l'être humain. Personne ne peut vous rendre heureux car le bonheur est plus qu'un ensemble d'émotions et de sentiments positifs, c'est une constante et un équilibre d'esprit, indépendant des circonstances présentes.

« Le bonheur est l'état de conscience de l'esprit le plus équilibré et constant de l'être humain. »
Naomie Coaching

L'accélération du succès est ce qui vous permettra d'atteindre rapidement et de manière constante l'état d'esprit le plus élevé de conscience de l'être humain : le bonheur, l'extase et la joie en abondance. Il est en effet important de savoir comment atteindre le bonheur, mais surtout comment le garder. Enfin, pour moi le bonheur est un équilibre parfait de votre être tridimensionnel (âme, corps et esprit) et de ses rôles de vies. Il faut parvenir à maîtriser les domaines clés de notre vie qui sont la source de notre bonheur et faire l'effort au quotidien de les équilibrer.

Trouver l'équilibre entre ses différents rôles de vie

Pour mieux accélérer le succès qui nous permettra d'atteindre le bonheur, il faut être en mesure de trouver l'équilibre entre ses différents rôles de vie. Vous devez arriver à garder la paix et la joie du cœur et d'esprit en permanence, dans votre quotidien et environnement immédiat. Le tout afin de comprendre et développer une relation saine et équilibrée avec soi-même et les autres et parvenir à balancer votre vie professionnelle et familiale sans vous y perdre.

« La liberté de l'esprit, c'est passer de l'état de demandeur à l'état de donneur. »

Naomie Coaching

L'équilibre est l'élément qui nous maintient en vie. Sans équilibre de l'écosystème planétaire, on n'aurait pas cette pesanteur qui nous garde statiques. L'équilibre est le juste milieu en toute chose, qui permet de conserver la paix. La paix c'est l'équilibre parfait, qui nous a été donné gracieusement par Dieu. Toutes les fois que la paix s'en va, il y a déséquilibre et c'est le chaos total, que ce soit dans une famille, dans un mariage ou dans une entreprise. On l'observe dans nos sociétés qui peinent pour la plupart en tout cas, à maintenir la paix dans les communautés justement à cause d'une passation de pouvoir. Malheureusement, cela est possible parce que beaucoup d'états peinent à respecter leur engagement de protecteur et de régulateur. La paix est une fleur qu'il faut arroser chaque matin, car sans engagement à respecter sa parole, il n'y a pas de possibilité d'avancer. Ce manque d'engagement ou plutôt ce crime organisé des pouvoirs en place et cette négligence libérale du peuple coresponsable, spectateur impuissant pour la majorité, créent ce désordre collectif qui va quelquefois jusqu'au déséquilibre de la stabilité de l'écosystème planétaire tout entier. Il faut donc une réelle révolution de soi pour rétablir la paix et une prise de conscience sérieuse à respecter ses engagements pour retrouver son équilibre total.

« Il ne peut y avoir de grand ordre mondial révolutionnaire, sans un grand désordre social orchestré. »

Naomie Coaching

Il ne peut y avoir de grand ordre mondial révolutionnaire, sans un grand désordre social orchestré. Ce désordre crée un déséquilibre environnemental ou déséquilibre humain et même déséquilibre floral. Parfois quand vous tournez la tête à gauche la vie est rose bonbon, et d'autres fois quand vous la tournez à droite elle est rouge sang et vice versa, ainsi va la vie et il faut l'accepter. Vous devez donc trouver votre équilibre, ce qui gardera votre esprit éveillé et debout, prêt au combat. Ne rester plus victime et blessé par la société, apprenez à la rééquilibrer en la révolutionnant.

Savoir s'adapter aux changements

L'équilibre vous viendra de la révolution de votre esprit. L'équilibre viendra de votre capacité à vous adapter au changement et de votre habileté à être flexible dans vos prises de décision. L'adaptabilité n'est pas un signe de faiblesse, mais une grandeur d'esprit qui permet une révolution interne et passive pour le bien-être de tous. La flexibilité quant à elle est l'amante de la paix, alors soyez passionné de yoga, car vous en aurez besoin. Pour être encore mieux équipé, il faut que vous atteigniez un état de conscience de vous-même et de votre environnement immédiat. Ne cherchez donc plus nécessairement le moyen de comprendre les choses qui vous dépassent dans la vie, mais apprenez à accepter la réalité de ce qui est et de ce que vous voulez, et trouvez le moyen de balancer vos projets à la réalité pour trouver un juste milieu.

« **Être libre c'est être indépendant.** »
Naomie Coaching

Plus précisément, être indépendant financièrement, émotionnellement et matériellement, etc. Être capable de jouir pleinement de sa vie sans dépendance à quoi ne que soit ni même qui que ce soit. Être libre c'est être sans attentes. Être capable de vivre et donner le meilleur de soi en toute circonstance, sans attendre quoi que soit de la vie, des autres ou même de soi-même en retour, c'est ça la vraie liberté. La liberté de l'esprit c'est passer de l'état de demandeur à l'état de donneur. Observez la nature: elle est belle et nous fait du bien, les couleurs chaudes et vibrantes de sa faune nous enchantent telle une toile hors de prix. Elle nous donne avec amour sa beauté et égaie nos cœurs. Bien sûr que cela a de la valeur, c'est pourquoi le tourisme est payant; pourtant la nature a su rester modeste car elle connait sa réelle valeur et laisse décider de son prix selon le regard de son percepteur. La vraie liberté c'est de donner librement. La beauté d'un papillon en plein vol n'a pas de prix, il nous le donne gratuitement et n'attend pas qu'on lui donne quoi que ce soit en retour. Arriver à ce niveau de lâcher prise, voilà la vraie liberté.

« L'équilibre viendra de votre capacité à vous adapter au changement et de votre habileté à être flexible dans vos prises de décision. »

Naomie Coaching

De même que tout ce qui nous retient nous possède, tout ce qu'on espère nous enchaîne. Les dépendances nous assujettissent aux autres, aux choses et à nous-même, on devient esclaves de nos attentes, l'addiction devient notre passion et plus le temps passe, plus on s'enfonce dans le gouffre du besoin (de plaire, de posséder, de paraître, d'avoir, d'exister, etc.). Il faut donc se détacher des désirs de la chair et s'accrocher au plaisir de l'esprit. La liberté ce n'est pas juste la capacité à faire ses propres choix, c'est surtout la capacité à fuir la cupidité du monde. Mais en quoi la cupidité a-t 'elle un lien avec la liberté? En réalité les deux sont interdépendants de nos jours. La cupidité est pour moi la plus haute forme de dépendance et donc de démence, or la dépendance est une forme élevée de captivité de l'esprit. De ce fait, plus une personne est avide de pouvoir plus elle se prive elle-même de sa propre liberté. C'est pourquoi je peux affirmer que la cupidité ne rend pas riche, elle rend pauvre d'esprit.

« La cupidité est un puits sans fond qui épuise la personne dans un effort sans fin pour satisfaire le besoin sans jamais atteindre la satisfaction. »
Erich Fromm

Plus jeune, lorsque je pensais à captivité, je pensais juste à l'esclavagisme, à la domination et l'oppression des peuples, à l'emprisonnement, au dégât du capitalisme et de l'impérialisme, mais depuis peu j'ai compris qu'il y a de nouvelles formes de captivité plus subtiles qui ont vu le jour, car l'homme a rejeté les anciennes et a su se

235

révolter contre elles. De ce fait, le dominant a dû développer de nouvelles tactiques, non plus visibles mais invisibles et qui se dissimulent tellement bien que cela passe pour sa propre volonté. Il fallait donc faire diversion. Le brainwashing est devenu tellement à la mode que ceux qui jadis prêchait en vain sur ce sujet sont devenus des pêcheurs d'âmes depuis leur canapé. Ils ont compris que votre esprit est le siège de vos décisions, alors ils feront tout pour contrôler vos pensées et vos émotions. La bataille de l'esprit fait rage et si votre psy n'a pas de psy alors ne les suivez plus car vous risquez d'être surpris.

Savoir distinguer ses rôles de vie du soi intérieur

La vie est comme une grande scène théâtrale avec des séquences, des scénarios et des décors, où chacun à un rôle à jouer. Vous n'êtes donc pas les rôles que vous jouez, vous êtes un être en scène. Chaque jour représente une séquence et une multitude de possibilités; lorsque vous aurez maîtrisé vos rôles vous saurez jouer à la perfection jusqu'à ce que le rideau tombe à nouveau, avant de vous coucher. Votre équilibre en tant qu'acteur se résumerait donc à vous imprégner de chaque rôle et le jouer à la perfection afin que le spectacle de votre vie soit merveilleux. Si vous ne savez pas jouer, vous ne ferez pas carrière en comédie, pareil si vous ne pouvez pas donner le meilleur de vous-même dans au moins un rôle de votre vie, vous ne réussirez pas dans la vie.

« Une femme n'est pas seulement une mère, une sœur, une épouse; une femme a le droit d'avoir sa propre identité. »

Malala Yousafzai

Apprendre à être soi nous aide à mieux comprendre la différence entre le rôle et l'acteur. C'est pourquoi j'aime le cinéma et remercie Dieu pour la vie de chaque acteur qui accepte de jouer un rôle qui le sort de son quotidien, afin que d'autres soient édifiés par le message qu'il porte. Dans la vie je suis Noémie Ndoti, dans la vraie vie je suis Naomie Coaching. Je suis la même personne, mais vivant dans deux réalités différentes. Ne vous identifiez plus à 100 % à un personnage, mais donnez le meilleur de vous, à plus de 1000 % dans chaque rôle s'il le faut, tant que cela reste sain pour tous. Soyez la meilleure version de vous-même dans chacun de vos rôles de vie.

« Vous n'êtes donc pas les rôles que vous jouez, vous êtes un être en scène. »

Naomie Coaching

Soyez donc un bon enseignant, un bon employé, en bon citoyen, un bon ami, etc. Sachez balancer le tout pour ne pas vous retrouver à l'asile. Mais en toutes choses, sachez équilibrer vos rôles en faisant la part des choses, au bon moment et de la bonne façon. Dans une vie je suis économiste, dans une autre je suis artiste. Dans une vie je suis parent, dans une autre je suis enfant. Je pourrais continuer ainsi à l'infini, mais vous seul connaissez les casquettes que vous avez dans votre tiroir; sachez en faire bon usage.

Vérité : En toute chose, sachez équilibrer vos rôles en faisant la part des choses, au bon moment et de la bonne façon.

Question : Quels sont vos différents rôles de vie ? Comment pouvez-vous les équilibrer ? Qu'est-ce qu'un bon acteur ? Quelles sont vos dépendances ? Qu'est-ce qui vous maintient captif ? Quelles sont vos peurs ? Êtes-vous en harmonie avec tous vos rôles de vie ? Quel est votre rocher, votre régulateur quand tout va mal ? Quel secteur de votre vie n'est pas en paix ? Comment pouvez-vous le révolutionner ?

Recommandation : Faites une liste des choses qui vous volent votre liberté et cherchez des paroles contraires pour les remplacer. Faites la liste des choses que vous devez améliorer ou changer dans chacun des rôles de votre vie, pour avoir une vie plus équilibrée et plus saine. Et puisqu'on est au cinéma, sortez le pop-

corn et regarder "The Truman show de Peter Weir".
Regardez aussi un documentaire sur le génocide
rwandais, car je veux que vous preniez réellement
conscience que sans la paix, il n'y a pas la vie.

Comment maîtriser les domaines clés de sa vie pour accélérer son bonheur?

Accélérer le succès pour l'atteinte du bonheur revient à
être capable de discipliner son âme à obéir à une seule
voix parmi tant de voix. C'est la capacité à maîtriser ses
peurs, afin de permettre à l'amour au travers de la foi
de faire son œuvre en nous. La maîtrise de soi est
justement l'élément indispensable à l'accélération du
succès. Quand on est capable de se contrôler, on peut
tout réaliser et tout obtenir dans la vie. Raison pour
laquelle le bonheur est aux pieds de tous ceux qui ont
la maîtrise de soi. Se maîtriser c'est se discipliner, mais
c'est aussi la compréhension des éléments qui
pourraient nous aider à atteindre le bonheur qu'on
recherche. Même si le bonheur est une quête sans fin, il
est quand même important de savoir qu'il y a des codes
et règles qui régissent l'atteinte de cet état de
conscience, et qu'il est important de les maîtriser pour
mettre toutes les chances de son côté pour atteindre ses
objectifs. Le bonheur est donc lié à la liberté d'esprit, à
l'équilibre de vie, à la maîtrise de soi et à la capacité de
pouvoir être en paix et en joie en permanence.

1. Discipliner son âme à obéir à une seule voix.

La maîtrise de soi est capitale et indispensable dans le processus de positionnement d'un être humain sur un environnement quelconque. Vous ne pouvez pas contrôler quoi que ce soit si vous n'êtes pas capable au préalable de vous contrôler vous-même. Le premier travail que tout homme qui veut réussir devrait faire est avant tout un travail sur lui-même. C'est en vous que réside toute l'énergie divine que Dieu a déposée pour que vous puissiez réussir dans la vie. C'est encore en vous que réside la force divine qui va vous permettre d'avancer et de surmonter chaque étape sur votre chemin. C'est toujours en vous que vous devez chercher pour trouver la puissance qui vous permettra de surmonter et vaincre vos ennemis. Mais si vous n'êtes pas capable de maîtriser et gérer cette énergie divine, vous êtes perdu. La maîtrise de soi n'a rien avoir avec une simple aptitude à ne pas être en colère, à méditer ou à prier. La maîtrise de soi c'est la balance parfaite de l'amour contrôlé et de la peur isolée.

« Remarquez que l'arbre le plus robuste cède facilement tandis que le bambou ou le saule survit en pliant sous le vent. »

Bruce Lee

Se maîtriser c'est se discipliner. Il est difficile de rester organisé et structuré en permanence, et encore plus de garder le focus alors qu'on vit à une époque où le divertissement est roi. Les réseaux sociaux jouent parfaitement bien leur rôle pour vous déconnecter de vous-même. Avec la mode, le sport, le cinéma, la musique et j'en passe, il est très difficile de rester une minute avec soi-même. Plus vous êtes déconnecté de vous-même, plus vous vous enfoncez dans la perte de conscience de ce que vous êtes vraiment et plus vous perdez la maîtrise de vous-même. Le plus grand obstacle à la maîtrise de soi et à l'accomplissement de l'homme, c'est la peur. Pour être capable de développer une grande maîtrise de soi, il faut en premier être capable de maîtriser ou vaincre ses peurs.

« La maîtrise de soi c'est la balance parfaite de l'amour contrôlé et de la peur isolée. »

Naomie Coaching

J'ai cherché pendant longtemps, j'ai passé des heures entières à faire des recherches sur les corrélations entre X ou Y, par rapport à la biologie ou la neurologie, la société ou la famille, etc. J'ai passé des nuits blanches à veiller jusqu'à trois heures, parfois même quatre heures du matin pour faire des recherches, car je tenais réellement à comprendre le fondement des peurs de l'homme. Je voulais comprendre ce qui animait la prise de décision d'un homme et pourquoi l'homme continuait sans cesse à faire le mal qu'il ne veut pas. Je voulais comprendre pourquoi une personne aurait une phobie X en particulier et non Y, mais surtout comment les guérir. Et un soir j'ai découvert quelque chose d'incroyable. Le contraire de l'amour ce n'est pas la haine, mais la peur. À partir de cette seule information, mes recherches se sont comme par magie éclairées et tout prenait son sens, comme un puzzle qui se reconstitue tout seul. Le sang est le véhicule le plus puissant de la création, car il transmet systématiquement la mémoire de nos ancêtres. Ainsi grâce à la science psycho généalogique, en rapport avec l'épigénétique transgénérationnelle, il est maintenant possible de démontrer que nos peurs peuvent eux aussi, être transmis par le biais du sang, le plus grand véhicule d'information au monde. Par la suite, il a aussi les habitudes et les expériences qui nous influencent en nous enseignant. Ainsi on peut hériter d'une peur ou apprendre à avoir une peur.

« Personne ne naît en haïssant une autre personne à cause de la couleur de sa peau, ou de ses origines, ou de sa religion. Les gens doivent apprendre à haïr, et s'ils peuvent apprendre à haïr, ils peuvent apprendre à aimer, car l'amour jaillit plus naturellement du cœur humain que son opposé. »

Nelson Mandela

Ne faites pas des peurs des autres, une réalité pour vous. Apprenez à défier chaque situation de la vie avec courage et ferveur. Le contraire de l'amour n'est donc pas la haine, mais la peur, elle est la source même de tout le mal-être de l'être humain. Réussissez à vaincre vos peurs et vous verrez qu'il n'y a rien que vous n'êtes en mesure de réaliser dans la vie. Le premier combat d'un être humain n'est donc pas un combat envers une entité quelconque, mais un combat interne avec ses propres peurs. Acceptez vos faiblesses et vos erreurs et au lieu de les combattre ou de les renier, apprenez tout simplement à vivre avec pour ne plus les subir. Acceptez d'être pleinement la personne que vous êtes, au lieu de vouloir continuellement être ce que vous n'êtes pas ou que vous refusez d'être. Pensez-y un instant ! Il n'y a pas de hasard dans la vie. D'ailleurs, pourquoi y aurait-il un dysfonctionnement dans l'ordre parfait de l'univers, et pourquoi comme par hasard Dieu se serait-il trompé dans sa sagesse divine en laissant le mal exister, tout ça juste pour vous pourrir la vie ? Être la meilleure version de soi, c'est tendre à être soi-même avant tout, cet absolu que l'on recherche chez les autres.

« Vous seul pouvez déterminer votre bonheur alors prenez votre vie en main et créez-le maintenant. »

Naomie Coaching

Aimer est donc une action qui nous engage automatiquement dans le choix sacrificiel du don de soi. L'amour est l'espérance ultime en un meilleur avenir, telle la chenille qui accepte de mourir à elle-même par le processus d'hibernation en laissant l'espérance ultime en l'amour de Dieu guider son choix. Pensez-vous réellement que la chenille accepterait de passer par ce processus si elle n'avait pas une foi et une espérance indescriptible. Elle ne fait que croire inconditionnellement en son identité divine créatrice. Donc même si elle ne comprend pas le pourquoi, elle observe la nature dont elle est réellement consciente et fait pareil. Avoir la foi c'est être conscient, et pour elle c'est la conscience que ce chemin est le meilleur pour elle-même et son évolution.

« Une personne ne peut donc se transformer en une meilleure version d'elle-même que si elle laisse le pouvoir de l'amour agir en elle. »

Naomie Coaching

Toute chose n'existe réellement que par l'amour d'une autre. Vous êtes là parce que vos parents on fait l'amour et cela englobe même les relations non désirées. L'amour n'est pas nécessairement réciproque, donc sachez faire la différence entre les différents types d'amour qui existent. Un acte sexuel quel que soit sa forme, part d'une information, puis d'une idée, d'un choix, d'une décision et enfin d'une réaction à un désir provenant du cœur. Faire l'amour n'est donc pas juste un acte sexuel entre deux personnes, c'est beaucoup plus profond que ça, c'est un échange surnaturel et surtout une possibilité de procréation, donc de multiplications, peu importe la nature de la relation. C'est pour cela que ça s'appelle faire l'amour, parce qu'on se communique des ressentis, des désirs, nos sangs, nos vies et bien plus encore. On se donne tout entier et tel qu'on est réellement. Et parce qu'aimer c'est donner, le don l'emportera toujours sur le désir, car il n'y a pas de chose plus puissante sous la terre, sur la terre et dans l'au-delà que le sacrifice. C'est ce sacrifice que Dieu a accompli par l'œuvre de la croix en envoyant Jésus-Christ. Ainsi l'amour guérit toute forme de peur et libère de toute forme de captivité.

Vérité : L'amour au travers de la foi, guérit toute forme de peur et libère de toute forme de captivité.

Question : Qu'est-ce qui guide votre volonté ? Quelle relation avez-vous avec l'amour ? Quelle en est votre définition ? De quoi avez-vous le plus peur et comment pouvez-vous y remédier ? Quelle votre rapport à la maîtrise de soi ? Qu'est-ce que vous maîtrisez réellement de votre vie ?

Recommandation : Regardez les films « Constantine » de Kevin Brodbin ou « La légende » de Bagger Vence et résumez-les. Lisez « Tremblez, mais osez » de Susan Jeffers et faites-en un résumé. Listez les vérités que vous avez retenues de la volonté et de la foi.

CONCLUSION

L e MBA du bonheur en fin de compte, est le diplôme que vous obtenez par une meilleure gestion de l'entreprise de votre vie. Ce que vous devez donc vous rappeler, c'est que la notion du bonheur dont je vous parle, est étroitement liée à votre rapport à la vie, car sans la vie on ne parlerait pas de bonheur. Le bonheur est disponible pour vous, puisque créé par vous-même pour vous même. Ce n'est donc pas à moi de le définir pour vous, mais plutôt à vous de le définir par vous-même, car en réalité, seul vous, savez ce qui vous rend réellement heureux.

« Y'en a qui pensent que le bonheur, c'est comme l'avenir : c'est pour plus tard. »

Richard Desjardins

Ce livre est un manuel, ou un papyrus qui vous montre le chemin à suivre et comment le créer par vous-même. Il ne vous promet donc pas un état de bonheur euphorique où tout est toujours rose tous les jours, ou bien que vous n'ayez jamais plus de tribulation dans la vie. Mais c'est une assurance-vie que vous prenez et qui vous promet du réconfort dans la détresse et de l'espérance pour nourrir votre foi tout au long de votre chemin. Cette promesse de bonheur que je vous propose n'est donc pas une fable ou une utopie, ce bonheur n'est pas non plus caché dans une caverne, dans un coffre-fort ou sous terre. C'est un chemin en soi et une quête que je vous rappelle de mener et dans laquelle je vous encourage à vous lancer dès maintenant pour votre propre projet de bonheur. Ce n'est qu'une réponse aux questions du bonheur pour pouvoir le trouver de vous-même. En voici quelques-unes :

Qu'est ce qui empêche le bonheur ?

Il existe un certain conditionnement social au bonheur, une image qui est imprimée de la société dans laquelle vous vivez, de ce qu'est le bonheur. La première chose à faire sera donc de vous défaire de l'image de votre bonheur comme quelque chose de collectif ou d'externe à vous. La société essaiera de vous influencer, mais c'est à vous de choisir votre propre voie. Et vous ne trouverez jamais votre bonheur si vous essayez de le trouver à l'extérieur de vous. Il faudra donc aller à la conquête de vous-même.

« Le bonheur, ce n'est pas facile à trouver, c'est difficile à le trouver à l'intérieur, mais c'est impossible de le trouver ailleurs. »

Chamfort

La réponse au bonheur est à l'intérieur de vous et le plus grand défi que vous aurez dans cette vie, c'est de vous découvrir vous-même. Ainsi vous devriez aller à la conquête de vous-même pour conquérir le monde par la suite. Votre bonheur ne dépend donc pas de l'extérieur mais de l'intérieur. Il sera le fruit de votre acharnement à exprimer votre volonté de puissance dans le monde. C'est donc à vous et à vous seul de faire des efforts pour créer votre propre bonheur, et de vous donner les moyens de le vivre pleinement.

Faut-il toujours souffrir pour être heureux?

C'est le manque qui crée le besoin, et c'est l'envie qui crée le désir. L'homme souffre car il se retrouve à un moment donné conditionné par ces deux choses : assouvir un besoin essentiel ou assouvir un désir substantiel. Il faut donc tendre à mieux et non nécessairement plus. Le bonheur ne s'obtient pas en accumulant plus de choses, comme pour vouloir combler le vide que l'on ressent au plus profond de soi. Ceci ne nous mène qu'à la satisfaction d'un besoin ou d'un désir. Il faut plutôt chercher à équilibrer notre satisfaction dans plusieurs domaines de nos vies pour pouvoir parler de bonheur réel.

« Même si vous ne voulez pas être acteur de votre bonheur, ne soyez quand même pas spectateur de votre malheur. »

Naomie Coaching

Le bonheur ou malheur vient de votre étroite relation à l'image que vous avez de Dieu, de la vie, de la société, des autres, de vous-même. De celle que vous avez de la peur, la perte, de la mort et surtout de votre rapport à l'inconnu. En sommes, vous devez retenir ceci : le vrai luxe c'est arrêter d'être dépendant de vos désirs mais surtout de subvenir à vos besoins par vous-même. Car le bonheur ne se trouve pas dans la quête à l'assouvissement de plaisir momentané, mais dans la connexion qu'on crée à qui on est réellement, ainsi que de la vérité de qui on est et qu'on souhaite communiquer au monde. Il faut se reconnecter à qui on est réellement pour arrêter de souffrir et enfin s'ouvrir à l'amour en abondance qui provient de Dieu.

Combien de temps dure le bonheur?

Le bonheur n'a de durée que dans l'instant présent, car on peut savourer l'essence d'un bonheur passé, juste en repensant à cet instant de bonheur. Le bonheur c'est ici et maintenant, c'est tout ce que vous ressentez, expérimentez; ce sont les personnes que vous aimez, le lieu et l'endroit où vous vous trouvez, les choses que vous affectionnez et tout ce que vous êtes et n'êtes pas, qui contribue à votre bonheur. Votre bonheur c'est ce qui fait votre joie, ce qui vous plaît le plus et vous donne envie de vivre ici-bas. Le bonheur c'est aimer faire ce qu'on fait, c'est vivre avec les gens qu'on aime. Vivre le moment présent, c'est arrêter d'attendre et avancer.

« La principale cause du malheur n'est jamais la situation, mais la pensée. Soyez conscient de vos pensées. Séparez-les de la situation, qui est toujours neutre. »

Eckhart Tolle

Il existe une multitude de potentialités dans l'instant présent, et peu importe les choix que vous faites ou la vie que vous avez, le bonheur c'est vous qui le contrôlez de l'intérieur. Pour finir, chacun reste responsable de son bonheur, car on le construit nous-même, puisque notre monde intérieur créée notre bonheur externe. Il faut donc avoir une certaine harmonie interne pour la trouver à l'extérieur. Ce n'est pas une destination, mais une puissance intérieure qui vous aide à trouver du sens à votre vie.

Comment trouver le bonheur?

Le bonheur ne se trouve pas, il s'expérimente, tout comme le rapport à Dieu ou à la nature. La boussole du bonheur, c'est votre système de croyances. En effet, la direction de votre bonheur dépend de vos croyances internes. Peu importe les conditions externes à votre vie, rappelez toujours que ce qui, ce qui est à l'intérieur de vous est plus grand que vos obstacles externes. C'est ce que vous êtes, ce que vous décidez de faire, d'accepter ou non, ce que vous avez au dedans de vous qui déterminera votre existence.

« Pour atteindre le bonheur, il faut attendre la bonne heure. »
Naomie coaching

Votre pouvoir de décision et les habitudes conscientes que vous décidez d'adopter qui vont orienter votre existence. Si vous changez de l'intérieur, l'extérieur changera aussi. Le bonheur c'est trouver l'équilibre en soi-même, pour pouvoir le communiquer et le partager avec le monde... La base du bonheur, c'est la liberté. Cela passe par soi, les graine semer en soi pour se libérer de ses peurs. C'est un entraînement permanent à mieux être, à mieux vivre, à mieux donner, à vivre dans le moment présent, et à relativiser.

Comment vivre le bonheur?

Ainsi la vie ne vous donne qu'un seul ordre (O.R.D.R.E), c'est d'être heureux. Oser vivre et rêver, suffisamment grand, afin de découvrir qui vous êtes réellement et votre mission de vie, pour pouvoir transmettre au monde tout ce que vous aurez expérimenté. OSER la vie, car qu'elle soit un cadeau du ciel, il faut quand-même avoir les couilles de l'accepter, et la vivre pleinement et sans regret. RÊVER grand et haut car tout est possible à celui qui croit et qui veut réellement exprimer sa volonté de puissance. DÉCOUVRIR qui on est et ce que le monde à de plus précieux à nous offrir. TRANSMETTRE ses savoirs, ses compétences, ses connaissances, tout ce qu'on a de plus précieux aux autres, car notre bonheur collectif dépend de notre bonheur individuel. EXPÉRIMENTER pour mieux renaître à chaque instant, car le fruit du bonheur, c'est toutes les expériences qu'on a apprises et la joie qu'elles nous ont procuré. Que ce fruit du bonheur s'imprime dans votre ADN à tout jamais.

Quelle est ma définition du bonheur?

Enfin, voici ma définition du bonheur. Le bonheur pour moi est semblable à un grand tableau blanc. Le plus important n'est donc pas tout ce que vous allez y rajouter. Que ce soient des écrits, des objets ou des dessins. Mais plutôt la façon dont vous prenez plaisir dans tout ce que vous faites et apportez à cette toile qu'est la vie. C'est l'expérience que vous ressentez en vivant et faisant toute ces choses. Car c'est la seule chose que vous contrôlez, votre intention, votre pouvoir, votre décision, votre choix, votre conscience, vous-même. En fin de compte, c'est la seule chose que vous emporterez avec vous, votre vécu, et votre tableau est le cadeau que vous laissez aux autres de vous. Alors soyez des artistes et vivez votre bonheur, pleinement.

Schéma de ma définition du bonheur

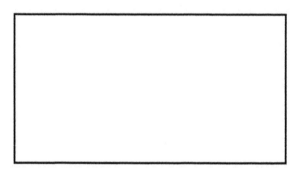

C'est ainsi que nous arrivons au terme de cette conversation d'âme à âme. Je vous ai partagé en quelques pages ce que j'ai compris du bonheur et je vous laisse continuer à améliorer cette analyse par toute la rétroaction positive que vous y apporterez.

Merci infiniment !

« Il faudrait être fou, pour avoir reçu un cadeau de Dieu, si précieux et merveilleux qu'est le bonheur sur terre, sans chercher à l'ouvrir et à en profiter. »

Naomie Coaching

Programme de 40 jours
L'Art d'apprécier le Bonheur

L'art d'apprécier le bonheur est mon programme de 40 jours pour accéder au bonheur. Mon équipe et moi serons avec vous pour vous aider étape par étape pendant cette session de 40 jours, à vous rappeler à quel point vous êtes une créature divinement merveilleuse. Nous serons présents pour vous tenir la main jusqu'à ce que votre papillon sorte enfin de sa coquille et prenne son envol.

À travers ce pas prophétique que vous ferez en prenant ce cours, nous garderons une relation professionnelle durable, et je regarderais de très près chacun de vos battements d'ailes. Telle une amie sincère, je serais toujours là pour vous encourager, à travers mes œuvres (livres, musique, films, etc.). Je fais de la découverte du bonheur pour toujours ma mission de vie, car c'est ma passion, c'est pour moi un rêve de petite fille devenue réalité.

« Vous aider à découvrir votre bonheur est la plus belle mission de vie qui m'ait été donné. Et je prends plaisir à le faire car l'art d'apprécier le bonheur est un rêve de petite fille devenu réalité. »

Naomie Coaching

Cette formation se déroulera comme suit : premièrement, vous devez absolument trouver un binôme, qui prendra aussi la formation avec vous et avec qui vous allez suivre le programme. C'est un programme de codéveloppement, au sein duquel vous serez en relation en permanence pendant la lecture du livre et échangerez sur les différents sujets abordés des chapitres. Par la suite, vous aurez accès à notre plateforme où vous pourrez vous inscrire automatiquement à l'achat de ce livre, afin de choisir la prochaine session en ligne. Un membre de notre équipe fera un suivi avec vous à la suite de votre inscription. Mon équipe et moi allons vous accompagner pendant ses 40 jours afin de vous équiper pleinement pour cette grande vision. Nous utiliserons des outils pratiques et des matériaux en plus de ce manuel. Ces techniques de gestion du bonheur vous aideront à apporter de la clarté à vos projets ; ainsi, il faut que les instruments que vous choisirez soient clairs et suffisamment compréhensibles pour que vous puissiez vous en souvenir. À savoir : la littérature, la musique, le cinéma, l'art et le jeu. En somme, je vous aiderais à travailler sur l'art du savoir-vivre, pour créer votre bonheur parfait. Ainsi, nous travaillerons sur plusieurs domaines, à savoir :

- **La santé physique** : ce qui vous garantira d'avoir la paix, en travaillant à vous garder sain et en bonne santé, chercher à accroître votre bien-être.
- **La santé économique** : ce qui vous garantira d'avoir la joie et développant votre richesse d'esprit, en travaillant sur votre rapport à l'argent et au désir.
- **La santé émotionnelle** : ce qui vous garantira d'avoir l'amour pour vous et pour les autres.
- **La santé mentale** : ce qui détermine votre rapport au devoir et au pouvoir, mais aussi avec le respect.
- **La santé spirituelle** : c'est votre rapport à Dieu, à ce qu'il y a de plus grand que vous, à votre environnement.

Je vous invite donc à me rejoindre dans le programme L'Art d'apprécier le Bonheur à l'adresse suivante : https://www.naomiecoaching.com

Au plaisir de faire votre bonheur !

« Ne soyez pas spectateur de la vie, prenez des notes le plus possible s'il le faut, mais redonnez à la vie votre part du bonheur. »

Naomie Coaching